Wesche | Adorno

Tilo Wesche

Adorno

Eine Einführung

Reclam

Für Gesine Winter

RECLAMS UNIVERSAL-BIBLIOTHEK Nr. 19506
2018, 2025 Philipp Reclam jun. Verlag GmbH,
Siemensstraße 32, 71254 Ditzingen
info@reclam.de
Bibliographisch aktualisierte Ausgabe 2025
Gestaltung: Cornelia Feyll, Friedrich Forssman
Umschlagabbildung: Theodor W. Adorno um 1960; akg-images
Druck und Bindung: Esser printSolutions GmbH,
Untere Sonnenstraße 5, 84030 Ergolding
Printed in Germany 2025
RECLAM, UNIVERSAL-BIBLIOTHEK und
RECLAMS UNIVERSAL-BIBLIOTHEK sind eingetragene Marken
der Philipp Reclam jun. GmbH & Co. KG, Stuttgart
ISBN 978-3-15-019506-2
reclam.de

Inhalt

Einleitung: Leben und Werk

Bürgerlicher Wohlstand und Lebensstil ermöglichen Theodor Ludwig Wiesengrund-Adorno eine unbeschwerte, beschützte und glückliche Kindheit. Niemand konnte deshalb ahnen, dass er später eine Tradition mitbegründen wird, die unter dem Namen »Kritische Theorie« gerade bürgerlichen Gewissheiten ihre Selbstverständlichkeit nehmen sollte. Am 11. September 1903 wird ›Teddie‹, so sein Spitzname, in Frankfurt am Main geboren. Dort wächst er im behüteten Umfeld familiärer Geborgenheit, materieller Sicherheit und geistiger Förderung auf. Im Odenwaldidyll Amorbach verbringt die Familie die Sommer, das ihm seitdem als die Wirklichkeit gewordene Utopie gilt, mit der Welt eins zu sein. Neben der Mutter, einer geborenen Calvelli-Adorno della Piana, widmet sich besonders deren unverheiratete Schwester Agathe der musikalischen und literarischen Bildung des Hochbegabten. Mit 17 beginnt Adorno das Philosophiestudium in Frankfurt, wo Hans Cornelius sein Lehrer und Förderer wird. Bereits mit 21 wird er mit einer Arbeit über Husserls Phänomenologie[1] promoviert. 1931 habilitiert Adorno sich mit der Schrift *Kierkegaard. Konstruktion des Ästhetischen*. Noch im gleichen Jahr hält er seine Antrittsvorlesung »Die Aktualität der Philosophie«[2] als Privatdozent für Philosophie.

Doch schlagartig bekommt die Idylle Risse. Adornos Vater, ein stadtbekannter Weinhändler, ist Jude. 1935 machen die Nürnberger Gesetze Adorno zum ›Halbjuden‹. Es folgen der Entzug der Privatdozentur, Publikationsverbot und polizeiliche Einschüchterungen. Adorno wird Augenzeuge der ersten Verhaftungswellen und Emigrationen jüdischer und oppositioneller Bürger*innen. Seine Beobachtungen drückt er in dem

1 GS 1: 7–77.
2 GS 1: 325–344.

komponierten Singspiel *Der Schatz des Indianer-Joe* (in Anspielung auf die gruselige Gegenfigur in Mark Twains *Tom Sawyer*) aus. Dort heißt es im »Lied vom Zusehen«: »Einer ist tot gegangen, / einer hat's getan, / zwei haben zugesehen, / alle sind schuldig, / solange sie nicht reden«[3]. Wegen ihrer Gleichgültigkeit trägt die schweigende Mehrheit die Verbrechen mit.

Von der beobachteten Gleichgültigkeit geht jener verstörende Impuls aus, der sein Denken fortan bestimmen sollte. Erschüttert wurde die bürgerliche Selbstgewissheit, dass materieller Wohlstand, kulturelle Tradition und geistige Bildung vor der Kälte gegenüber dem Schicksal der anderen schützen. Die bürgerlichen Werte haben Bürgerinnen und Bürger nicht von der Passivität abhalten können, mit der sie die Barbarei des Nationalsozialismus geschehen ließen. Nicht minder als die NS-Verbrechen hat die Gleichgültigkeit, die sie erst möglich machte, dem Vertrauen in Moral, Bildung und Wissenschaft den Boden entzogen.

Im Sommer 1934 emigriert Adorno nach Oxford, wo er sich am Merton College für ein Promotionsprojekt über Husserl einschreibt, das später unter dem Titel *Zur Metakritik der Erkenntnistheorie* veröffentlicht werden wird.

Nach vier Jahren siedeln er und seine Frau Gretel nach New York über. Zunächst arbeitet er am von Paul Lazarfeld geleiteten *Radio Research Project* in Princeton; später erhält er eine Anstellung am *Institute of Social Research*, dessen Direktor Max Horkheimer ist. Diesem folgt Adorno im November 1941 nach Los Angeles. Hier kommt es zur ertragreichen Zusammenarbeit mit Horkheimer und damit zur eigentlichen Geburtsstunde der Kritischen Theorie: Im kalifornischen Exil entsteht die von beiden gemeinsam verfasste *Dialektik der Aufklärung*, das Gründungsdokument der Kritischen Theorie. Auch schreibt

3 Indianer-Joe 28 f.

Adorno hier das später erfolgreichste Buch dieser Denkrichtung, die Horkheimer gewidmeten *Minima Moralia*.

Zwei Einsichten aus Adornos Emigrationszeit prägen nachhaltig das Selbstverständnis der Kritischen Theorie: Erstens ist jene Gleichgültigkeit, die die NS-Barbarei möglich gemacht hatte, *das* Grundmerkmal jeder Gesellschaftsordnung, die vom ökonomischen Profitinteresse bestimmt wird. Gleichgültigkeit nimmt in ihr verschiedene Gestalten an. Die ›Kulturindustrie‹ beispielsweise bewirkt, dass die Betroffenen sich gleichgültig gegenüber ihren eigenen Interessen an einem guten Leben verhalten. Statt der Profitökonomie, die ihnen ein gutes Leben vorenthält, die Stirn zu bieten, geben sie sich mit deren oberflächlichen Ersatzangeboten zufrieden.

Zweitens bedarf es der empirischen Sozialforschung, um den »Zusammenhang politischer Ideologien mit einer bestimmten psychologischen Beschaffenheit derer, die sie hegen«[4], zu untersuchen. Theorien müssen durch »das Gewicht dessen [...], was Empirie heißt,«[5] geerdet werden und im empirischen Forschungsprozess anhand von Datenerhebungen überprüfbar sein. Dabei müssen wirtschaftliche, soziale, politische und psychologische Faktoren mit berücksichtigt werden, die die geäußerten Meinungen der Befragten bestimmen und die zugleich den Befragten verborgen bleiben.

1949 kehrt Adorno nach 15-jähriger Emigration an die Universität Frankfurt zurück, um zunächst als außerordentlicher Professor und ab 1957 als Ordinarius für Philosophie und Soziologie zu lehren. 1959 übernimmt er die Leitung des *Instituts für Sozialforschung*, das nach Frankfurt umgezogen bzw. zurückgekehrt war. Rückblickend beurteilt er die Emigrationsjahre für seine Neuorientierung im Nachkriegsdeutschland als

4 GS 9/2: 361.
5 GS 10/2: 738.

ausschlaggebend. »[E]ntprovinzialisiert« und »von naturgläubiger Naivetät befreit« habe ihn vor allem

> »die Erfahrung des Substantiellen demokratischer Formen: daß sie in Amerika ins Leben eingesickert sind, während sie in Deutschland nie mehr als formale Spielregeln waren. [...] Drüben lernte ich ein Potential realer Humanität kennen, das im alten Europa so kaum vorfindlich ist. Die politische Form der Demokratie ist den Menschen unendlich viel näher. Dem amerikanischen Leben eignet, trotz der viel beklagten Hast, ein Moment von Friedlichkeit, Gutartigkeit und Großzügigkeit, das von [...] den Jahren 1933 bis 1945 in Deutschland [...] aufs äußerste sich abhebt.«[6]

Verstärkt mischt sich Adorno in die öffentlichen Debatten um die Demokratiedefizite und Vergangenheitsverdrängung in der jungen Bundesrepublik ein. In seinem Engagement drückt sich das Selbstverständnis einer Philosophie aus, die gleichermaßen Wissenschaft und Aufklärung sein will. Adorno verstand sich als Forscher und zugleich Intellektueller, der die öffentliche Kontroverse bewusst sucht. Diese Einheit von Theorie und Praxis steht im Kontrast sowohl zum Elfenbeinturm einer Wissenschaft, die sich gegen öffentliche Themen abschottet, als auch gegen einen Aktivismus, der Veränderungen ohne theoretische Reflexion herbeizuführen können glaubt: Damit Gesellschaftskritik in der Praxis wirksam wird, bedarf es, nur scheinbar paradox, der Theorie. Sie erfordert nicht nur eine Gesellschaftstheorie, in der die Strukturen des Sozialen, der Politik und Ökonomie untersucht werden. Sie muss zudem auf Augenhöhe mit dem Problemniveau der klassischen Philosophie sein und dabei über deren Antworten kritisch hinausgehen.

6 GS 10/2: 734 f.

Philosophische Grundlagenreflexion dient dabei dazu, zwischen Theoriealternativen zu unterscheiden, die jeweils andere Zeitdiagnosen und Lösungsansätze nach sich ziehen. Mit seiner Verankerung von Praxis in Theorie widerspricht Adorno insoweit der elften Feuerbach-These von Marx. »Die Philosophen haben die Welt nur verschieden *interpretiert*. Es kömmt aber darauf an, sie zu *verändern*.«[7] Die Welt zu verändern sei dem Marxismus, so Adornos Kritik, aber gerade selbst deshalb misslungen, weil sie die Welt zu wenig interpretiert habe:

> »Praxis, auf unabsehbare Zeit vertagt, ist nicht mehr die Einspruchsinstanz gegen selbstzufriedene Spekulation, sondern meist der Vorwand, unter dem exekutiven den kritischen Gedanken als eitel abzuwürgen, dessen verändernde Praxis bedürfte.«[8]

Obwohl Theorie und Praxis für Adorno zusammengehören, hat er sie nie miteinander vermischt. Strikt wird getrennt zwischen der wertfreien Wissenschaft, deren Zweck Erkenntnis ist, und einer effektiven Einflussnahme, die der Durchsetzung von Zielen dient. Nur eine solche Arbeitsteilung scheint Theorie und Praxis miteinander versöhnen zu können.

Auch als akademischer Lehrer verstand es Adorno, Verschiedenes zusammenzuführen. Lehre und Forschung waren für ihn derartig eng miteinander verwoben, wie es in heutigen Bachelor- und Master-Studiengängen undenkbar wäre. Insbesondere seine Vorlesungen dienten als ein Laboratorium, in dem die Grundgedanken für Werke wie die *Negative Dialektik* und

7 Karl Marx, Thesen über Feuerbach, in: K. M., Philosophische und ökonomische Schriften, hrsg. von Johannes Rohbeck und Peggy H. Breitenstein, Stuttgart 2008, S. 46–49, hier: S. 49.

8 GS 6: 16.

die *Ästhetische Theorie* entwickelt wurden. Die Vorlesungen werden deshalb in dieser Einführung ausdrücklich mitberücksichtigt.

Adorno äußerte sich bei seiner Rückkehr aus dem Exil begeistert über die Talente, Interessen und Neugier der Studentinnen und Studenten. Ab 1967 kommt es jedoch verstärkt zu Konfrontationen mit der Studentenbewegung, die in der von ihm veranlassten polizeilichen Räumung des besetzten *Instituts für Sozialforschung* gipfelten. Am 6. August 1969 stirbt Adorno während eines Urlaubs in Zermatt an den Folgen eines Herzinfarkts.

Adornos Werk umfasst Schriften aus drei Themenbereichen, nämlich Philosophie, Sozialwissenschaft und Ästhetik. Zu jedem dieser Bereiche hat Adorno Monographien, Aufsätze und Gelegenheitsarbeiten wie etwa Nachrufe verfasst. Dazu kommen die Mitschriften seiner Vorlesungen, die aus dem Nachlass veröffentlicht werden. Zudem hat er einen erstaunlich großen und vielseitigen Briefwechsel geführt. Die Korrespondenzen mit Walter Benjamin, Max Horkheimer, Thomas Mann, Siegfried Kracauer, Alban Berg, Gershom Scholem, Ingeborg Bachmann und anderen Persönlichkeiten widmen sich neben Privatem und Beruflichem vor allem einer wechselseitigen Selbstvergewisserung über wissenschaftliche Fragen.

Die philosophischen Schriften zeichnen sich durch eine bemerkenswerte Vielfalt an Gattungen und Stilen aus. Sie reichen von den Interpretationen einzelner Autoren wie Søren Kierkegaard über die Aphorismen der *Minima Moralia* bis zur weit ausgreifenden Konzeptarbeit der *Negativen Dialektik*. Adornos Formideal ist dabei, wie er schon in seiner Antrittsvorlesung betont,[9] der Essay, der seinen Gegenstand gleichsam

9 GS 1: 343.

umkreist:[10] »In einem philosophischen Text sollten alle Sätze gleich nahe zum Mittelpunkt stehen.«[11] Kein Satz ist wichtiger als der andere. Weder lässt sich der Gehalt eines Textes in einen Satz pressen, noch sollten einzelne Sätze entbehrlich sein. Adornos essayförmige Schriften durchwehen dabei eine souveräne Nachlässigkeit in der Argumentation. Sie ist teilweise der rhetorisch-polemischen Zuspitzung geschuldet. Entsprechende Übertreibungen verwendet Adorno als Stilmittel, um Themen Aufmerksamkeit zu verschaffen, die ihnen bisher vorenthalten blieb. Allerdings sind sie oft wenig hilfreich für eine nüchterne Sachklärung. In der vorliegenden Einführung sollen deshalb besonders die jeweils wichtigsten Argumentationslinien nachgezeichnet werden, die in Adornos Texten zumeist unausdrücklich bleiben.

Das sozialwissenschaftliche Werk umfasst eine Fülle von zumeist kürzeren Arbeiten zu Themen der Soziologie, Psychologie, der Kommunikations- und Medienforschung, der Vorurteilsforschung und der Pädagogik. Einen Meilenstein in der Sozialforschung stellen die von der Berkeley Public Opinion Study Group erstellten *Studies in the Authoritarian Personality*[12] dar, an denen Adorno beteiligt war. In ihnen werden mit Methoden der empirischen Sozialforschung die sozialpsychologischen Voraussetzungen für die Bildung von antisemitischen Vorurteilen untersucht. Zudem hat er größere Studien über einen rechtsradikalen Agitator in den USA,[13] über Astrologie[14] und über *Schuld und Abwehr*[15] verfasst.

Adornos Werk zu ästhetischen Fragen umfasst die postum

10 GS 11: 9–33.
11 GS 4: 79.
12 GS 9/1: 143–509.
13 GS 9/1: 7–141.
14 GS 9/2: 7–120.
15 GS 9/2: 121–324.

veröffentlichte *Ästhetische Theorie*, Beiträge über Literatur, die größtenteils in den *Noten zur Literatur* versammelt sind, und vor allem musikphilosophische Untersuchungen sowie einige eigene Kompositionen. Noch vor der Emigration war Adorno bereits als Musikkritiker, Komponist und Musiktheoretiker öffentlich in Erscheinung getreten. 1925 nimmt er in Wien bei Eduard Steuermann Klavierstunden und bei Alban Berg, dem Schüler von Arnold Schönberg, Kompositionsunterricht. Thomas Mann wird in musiktheoretischen Fragen für seinen Roman *Doktor Faustus* von Adorno beraten. Mit dem Komponisten Hanns Eisler führt er empirische Untersuchungen über Filmmusik durch. Von der *Philosophie der Neuen Musik*[16] über seinen *Versuch über Wagner*[17] bis zum großartigen Buch über *Mahler. Eine musikalische Physiognomik*[18] hat er ein einschlägiges Werk zur Musikphilosophie verfasst, die er damit als Disziplin überhaupt erst etabliert hat. Mit seinem einflussreichen Konzept der freien Atonalität, das er in eigenen Kompositionen durchgeführt hat, setzte er zudem in der musikwissenschaftlichen Debatte und Praxis einen eigenen Akzent.

Adornos musikphilosophische Schriften stehen sowohl in Umfang als auch Wirkung dem philosophischen Werk in nichts nach. Alban Berg erkannte früh Adornos Doppelbegabung und schreibt ihm am 26. Januar 1926, dass er sich eines Tages, »da Sie doch Einer sind, der nur auf's Ganze geht (Gott sein Dank!) für Kant *oder* Beethoven entscheiden müssen«[19]. Adorno ist diesem Rat nicht gefolgt, und zwar aus einem bestimmten sachlichen Grund: Musik und Philosophie sind für ihn keine voneinander isolierten Arbeitsgebiete. Beide sind unersetzbare Bestandteile

16 GS 12.
17 GS 13: 7–148.
18 GS 13: 149–319.
19 B 2: 66.

einer Kritischen Theorie der Gesellschaft; diese Theorie bildet ihre gemeinsame Einheit, die beide miteinander verknüpft. Gesellschaftskritik gelingt nach Adorno nämlich nur im Verbund mit Kunst. Gesellschaftskritik und Musik schließen sich deshalb gegenseitig nicht aus. Der Musik der Avantgarde

> »frommt es nicht, in rastlosem Entsetzen auf die Gesellschaft hinzustarren: sie erfüllt ihre gesellschaftliche Aufgabe genauer, wenn sie in ihrem eigenen Material und nach ihren eigenen Formgesetzen die gesellschaftlichen Probleme zur Darstellung bringt, welche sie bis in die innersten Zellen ihrer Technik in sich enthält. Die Aufgabe der Musik als Kunst tritt damit in gewisser Analogie zu der der gesellschaftlichen Theorie«[20].

Obwohl Musik gesellschaftliche Probleme zur Darstellung bringt, lässt sie sich nicht handstreichartig vor den Karren der Gesellschaftskritik spannen. Ihre Darstellungskraft beruht vielmehr auf dem musikalischen Material und seiner Form.

Der Kürze halber kann Adornos Musikphilosophie im Folgenden nur insoweit gestreift werden, als sie für die Erörterungen seiner Ästhetik relevant ist. Für einen Überblick sei auf das *Adorno-Handbuch* verwiesen, das einen eigenen musiktheoretischen Schwerpunkt setzt.[21] Stattdessen wird sich diese Einführung dem Zusammenhang widmen, der in Adornos Werk zwischen Ethik, Gesellschaftstheorie und Ästhetik besteht. Das theoretische Zentrum, das diese Teile verbindet, bildet Adornos Konzept der Dialektik. Mit diesem Konzept werden wir uns deshalb zuerst beschäftigen.

20 GS 18: 731

21 Richard Klein / Johann Kreuzer / Stefan Müller-Doohm (Hrsg.), *Adorno-Handbuch*, Stuttgart/Weimar 2011.

I. Wozu Dialektik?

Allein schon die Titel von Adornos beiden Hauptwerken, *Dialektik der Aufklärung* und *Negative Dialektik*, lassen die große Bedeutung der Dialektik für seine Philosophie vermuten. Für ihn ist Dialektik eher Programm als nur ein Begriff. Um ihren Bedeutungsreichtum auszuschöpfen, genügt es deshalb nicht, darauf zu verweisen, dass der Begriff vom griechischen Wort *διαλεκτική/dialektiké* stammt und so viel wie ›Zwiegespräch‹ bedeutet. Vielmehr muss es um ein Verständnis der konzeptionellen Grundannahmen gehen, durch die sie sich gegenüber theoretischen Alternativen auszeichnet.

Dialektische Philosophie bildet eine eigenständige Tradition, die von Platon über Hegel, Kierkegaard und Marx bis zur Kritischen Theorie reicht.[1] Diese Traditionslinie zeigt eine Theoriealternative an, die sich von anderen Strömungen der Philosophie unterscheidet. In der Theoriebildung steht man hier quasi vor einer Weggabelung, wo zu entscheiden ist, welche Richtung man einschlagen will. Völlig unabhängig davon also, wie man sich zur dialektischen Philosophie verhält, sollte man verstehen, welche Theoriealternativen überhaupt zur Wahl stehen und was deren Stärken und Schwächen jeweils sind. Die Frage lautet daher: Wozu Dialektik? Und wozu insbesondere negative Dialektik?

An der Dialektik kommt man bei Adorno auch aus einem weiteren Grund nicht vorbei. Dialektik bildet die Einheit in der Vielheit seiner Interessen. Sie verknüpft seine Ausführungen über Musik, Literatur, Philosophie, Politik, Ethik und Sozialwissenschaft zu einem einheitlichen Theoriefeld. Ihre Allge-

1 Einen materialreichen, wenn auch thesenarmen Überblick verschafft: Hans Heinz Holz, *Dialektik. Problemgeschichte von der Antike bis zur Gegenwart*, 5 Bde., Darmstadt 2011.

genwart ist Adornos – an Platon anschließendes – Verständnis von Dialektik als Grundlagendisziplin geschuldet.[2] Deren Aufgabe besteht darin, jene theoretischen Vorentscheidungen aufzudecken, mit denen auch in den Einzeldisziplinen die Weichen gestellt werden. Der Begriff »Dialektik« signalisiert deshalb eine Zuordnung. Er verweist auf die Grundannahmen, mit denen es gelingen soll, Phänomene der Künste, Gesellschaft und des guten Lebens zu begreifen.

Im Folgenden werden Adornos Begriff der Dialektik und die Grundannahmen erörtert, die mit ihm verbunden sind. Mit der einführenden Begriffsklärung soll ein Vorverständnis gewonnen werden, das am Anfang eher schemenhaft sein mag, aber in den späteren Kapiteln Kontur gewinnen wird. Die *Dialektik der Aufklärung* stellt den Grundgedanken mit der unverbrauchten Frische einer Entdeckung dar; allerdings um den Preis der begrifflichen Schärfe. Die *Negative Dialektik* hingegen geht lange Wege durch Begriffswüsten, holt jedoch die Details näher heran. Wir sollten uns dementsprechend zuerst (1.) des Grundgedankens vergewissern und anschließend (2.) sein Bedeutungsspektrum auffächern.

1. Dialektik der Aufklärung

> »Die Philosophie ist eigentlich dazu da, das einzulösen, was im Blick des Tieres liegt.«[3]

Die *Dialektik der Aufklärung. Philosophische Fragmente* ist in vielerlei Hinsicht ein außergewöhnliches Buch. Einen ver-

2 Platon, *Politeia* 511c3–d5.

3 GS 7: Max Horkheimer, *Gesammelte Schriften*, Bd. 19, Frankfurt a. M. 1996, S. 58. Der Satz geht auf Adorno zurück.

gleichbaren Fall findet man selten: Zwei Akademiker führen im Exil über Jahre hinweg Gespräche, die zur Selbstverständigung verschriftlicht werden und letztlich dann zu einem Klassiker der modernen Philosophie avancieren.

Die Vorgeschichte dieses Erfolgs beginnt zehn Jahre vor der Veröffentlichung im November 1934 mit einem Brief Adornos aus Oxford, in dem er Horkheimer auf ihr gemeinsames Interesse an einer »materialistischen Logik« aufmerksam macht. In den folgenden Jahren bezieht er sich zunehmend auf »unsere große gemeinsame Arbeit« über »dialektische Logik« und »dialektischen Materialismus«. Im März 1937 konkretisiert er das Vorhaben erstmalig als »unser gemeinsames Buch«, dessen Titel »Dialektik der Aufklärung« von Adorno zum ersten Mal im Brief vom 10. November 1941 erwähnt wird.[4]

Das gemeinsame Projekt reifte gleichsam in der experimentellen Atmosphäre eines Laboratoriums. Eine Vorstufe bildet der rege Briefwechsel, in dem beide ihre Standpunkte entwerfen und jeweils auf die Entwürfe des anderen eingehen. Zudem werden Vorstudien publiziert und somit ihre Thesen in der Öffentlichkeit erprobt. Vor allem aber suchten Adorno und Horkheimer ihre Positionen in Gesprächen zu klären, die von Gretel Adorno protokolliert wurden, erstmalig 1939 in New York, verstärkt ab 1942 in Kalifornien. Diese Protokolle wurden zu Vorlagen ausformuliert, die von der Gegenseite kommentiert, ergänzt und redigiert wurden. So entstand ein Gemeinschaftswerk, ohne dass das unverwechselbar Besondere der jeweiligen Position verlorenging.

Die sechs Kapitel tragen dabei eine jeweils eigene Handschrift. Mit dem Exkurs über Marquis de Sade und den aphoristischen »Aufzeichnungen und Entwürfen« am Schluss setzt Horkheimer eigene Akzente. Beim Exkurs über »Odysseus

4 B 4/2: 286.

oder der Mythos der Aufklärung« und dem Kapitel über die »Kulturindustrie. Aufklärung als Massenbetrug« war Adorno federführend. Am deutlichsten sprechen sie mit einer Stimme im programmatischen Anfangskapitel über den »Begriff der Aufklärung« und im Kapitel »Elemente des Antisemitismus. Grenzen der Aufklärung«.

Nicht minder erstaunlich als die Entstehungsgeschichte der *Dialektik der Aufklärung* verläuft ihre Wirkungsgeschichte. Aus heutiger Sicht gilt sie als das bleibende Vermächtnis der Kritischen Theorie. Niemand, der an deren Tradition anschließt, kommt daran vorbei, sich zu den hier aufgeworfenen Fragen der Vernunftkritik, Dialektik und Moderne ins Verhältnis zu setzen. Fast schon mit Händen zu greifen ist dieses Ringen um eine Position, die Nähe und Distanz herstellt, in der *Theorie des kommunikativen Handelns* von Jürgen Habermas.[5] Ihren Ruhm verdankt die Schrift nicht zuletzt auch der Anziehungskraft, die sie in den 1960er und 1970er Jahren auf die studentische Protestbewegung, auf Intellektuelle und Wissenschaftler ausübte. Die Kritik am Umschlagen der Aufklärung in ihr Gegenteil vermochte dem Unbehagen an den Nachkriegskontinuitäten in Politik, Gesellschaft und Wirtschaft eine begriffliche Form zu geben, die jenseits der marxistischen Dogmatik liegt. Mit ihr wird an das Freiheits- und Glücksversprechen der Moderne erinnert; sie drückt aus, dass die Welt nicht unvermeidlich so geworden ist, wie sie ist, und sie einst etwas anderes als ein zweckrationaler Verwertungsmechanismus zu sein versprach.

Im Kontrast zur Breitenwirkung stand die Veröffentlichung der *Dialektik der Aufklärung* zunächst unter ganz anderen Vorzeichen. Die Erstausgabe erschien 1944 anlässlich des 50. Ge-

5 Jürgen Habermas, *Theorie des kommunikativen Handelns*, Bd. 1, Frankfurt a. M. 1987, S. 455–534.

burtstags von Friedrich Pollock in der sehr überschaubaren Auflage von 500 Exemplaren als hektographiertes (d.h. als Matrize vervielfachtes) Typoskript des Instituts für Sozialforschung. Drei Jahre später wurde das Buch mit Änderungen und Ergänzungen in Amsterdam im deutschsprachigen Exilverlag Querido immerhin in einer Auflage von 2000 Exemplaren veröffentlicht.

Allerdings blieb das Buch ein Ladenhüter. Erst kurz vor dem Tod Adornos, der in seinen Vorlesungen beständig auf das Gemeinschaftswerk verwies, und nach einigem Zaudern Horkheimers, entschloss man sich zu einer Neuauflage im Fischer Verlag, die den Durchbruch brachte. Mit ihr wollte man nicht nur den blühenden Markt von Raubkopien trockenlegen. Sie bot vor allem die Gelegenheit zu Umformulierungen, mit denen man sich aus weltanschaulichen Grabenkämpfen und ideologischem Schubladendenken herausziehen wollte. Verfängliche Begriffe wurden ersetzt, etwa »Ausbeutung« durch »Leiden«, »Kapitalist« durch »Unternehmer«, oder »Proletarier« durch »Arbeiter«.

Den theoretischen Kern der *Dialektik der Aufklärung* bildet ein einziger Grundgedanke: »Wie die Mythen schon Aufklärung vollziehen, so verstrickt Aufklärung mit jedem ihrer Schritte tiefer sich in Mythologie.«[6] Diese »Verschlingung von Mythos und Aufklärung« beruht auf zwei Annahmen:[7] Erstens schlägt die Aufklärung in ihr Gegenteil, in den Mythos um (1.1). Zweitens leistet der Mythos bereits einen Beitrag zur Aufklärung; der Mythos ist also nicht schlechterdings unvernünftig (1.2).

6 GS 3: 28; vgl. 16.

7 Jürgen Habermas, *Der philosophische Diskurs der Moderne*, Frankfurt a. M. 1989, S. 130.

1.1 Aufklärungskritik

Zunächst soll das Problem genauer bestimmt werden, zu dessen Lösung die Theorien der Dialektik beitragen sollen. Auf welche Frage geben sie eine Antwort? Sie behandeln die Leitfrage, wie der Übergang von der Möglichkeit zur Wirklichkeit der Vernunft erfolgt. Wie überhaupt kommt es zur Verwirklichung von Vernunft? »Vernunft ist [...] der Inbegriff des Bewußtseins, das sich auf Wahrheit richtet.«[8] Vernunft bedeutet demnach Wahrheitsorientierung. Adornos Leitfrage lautet also, wie es dazu kommt, dass man Wahrheit wichtig nimmt und ihr einen Vorrang gegenüber dem Schein einräumt. Dabei wird unter Verwirklichung der Vernunft keineswegs ihre vollkommene und abgeschlossene Verwirklichung, sondern ein Prozess verstanden. Gefragt wird nach dem, was den Prozess anstößt und in Gang hält. Es geht darum, wie die Vernunft an die Stelle der Unvernunft tritt, die ihrerseits, so Adorno, vom Unrecht und Leiden in der Mitte des 20. Jahrhunderts verkörpert wird.

Zunächst ist es wichtig, zwischen einer subjektiven und einer objektiven Vernunft zu unterscheiden. Der subjektive Begriff der Vernunft bezieht sich auf die denkerischen bzw. kognitiven Fähigkeiten, die eine Person ausübt. Der objektive Begriff der Vernunft bezieht sich demgegenüber auf jene Bedingungen, unter denen die kognitiven Fähigkeiten zur Ausübung kommen. Solche Wirklichkeitsbedingungen werden von der Realität, genauer gesagt von Praktiken, Institutionen und Interaktionen verkörpert. Vernunft wird dann verwirklicht, wenn Personen ihre Vernunftfähigkeiten ausüben und dabei die Bedingungen realisiert werden, denen die Fähigkeiten ihre Ausübung verdanken. Die Frage, wie es zur Verwirk-

8 V 10: 91.

lichung der Vernunft kommt, betrifft bei Adorno also den Grund, warum Vernunftfähigkeiten ausgeübt und die Bedingungen verwirklicht werden, die eine solche Ausübung ermöglichen.

Adornos erste Annahme, dass Aufklärung sich in Mythologie »verstrickt« oder den Mythos »wiederholt«, geht von einer Figur des »Umschlags« und »Rückfalls« der Aufklärung in ihr Gegenteil aus. Der Vernunftbegriff dieser Aufklärung wird damit zum Problem: Die Wirklichkeit tritt in Widerspruch zum Anspruch der Aufklärung. Vernunft wird demnach nicht verwirklicht. In der Vorrede heißt es entsprechend, dass das, was »wir uns vorgesetzt hatten«, tatsächlich nicht weniger war »als die Erkenntnis, warum die Menschheit, anstatt in einen wahrhaft menschlichen Zustand einzutreten, in eine neue Art von Barbarei versinkt«[9]. Horkheimers und Adornos Kritik an der Aufklärung beanstandet also, dass die Verwirklichung der Vernunft grundsätzlich ausbleibt. Das Ausbleiben einer vernünftigen Wirklichkeit wird von ihnen in fünf Hinsichten erörtert.

(1.) Die Kluft zwischen Möglichkeit und Wirklichkeit: Trotz ihrer Unterschiede ist der Kritik an der Aufklärung von Hegel über Kierkegaard und Nietzsche bis zur *Dialektik der Aufklärung* gemeinsam, dass sie die Moderne von der Figur des Rückfalls her begreifen. Diese Figur zielt auf eine Realität, in der die Freiheits-, Glücks- und Erkenntnisversprechen der Moderne uneingelöst bleiben. Aufklärung charakterisiert jedoch ein Versprechen, nämlich ein Fortschrittsversprechen hinsichtlich Freiheitsgewinne, Glückszuwächse und Erkenntnisentwicklungen. Menschen sollen in der Geschichte zunehmend ein selbstbestimmtes und gutes Leben führen und ihr Wissen vermehren können. Allerdings bleibt, so der Ansatz der Kritik, die Wirklichkeit weit hinter diesem Versprechen zurück.

9 GS 3: 11.

Mit der Annahme eines ›Umschlags‹ oder ›Rückfalls‹ der Aufklärung in ihr Gegenteil wird dabei jedoch keineswegs bestritten, dass in Wissenschaft, Politik und Moral Verbesserungen zu beobachten sind. Alles in allem betrachtet sind in der Geschichte zweifellos Fortschritte in Bezug auf Wohlstand, Lebensqualität, Verteilungsgerechtigkeit, Sicherheit, Bildung und Wissenschaft erzielt worden. Der Umschlag der Aufklärung in den Mythos verweist jedoch darauf, dass die Aufklärung unter ihren Möglichkeiten geblieben ist: Es wäre nämlich durchaus möglich, dass Unrecht weitgehend überwunden wird.[10] Trotz wissenschaftlicher, politischer und moralischer Entwicklungen bleibt aber die Wirklichkeit hinter dem zurück, was tatsächlich möglich wäre. Zwischen ihnen und der ernüchternden Realität entsteht eine zunehmende Kluft.

Die Unrechtserfahrungen der Moderne werden von Horkheimer und Adorno anhand dieser Kluft zwischen der Möglichkeit und Wirklichkeit der Aufklärung erklärt. Ihre Aufklärungskritik richtet sich dabei besonders gegen den Kapitalismus, der einerseits soziale, ökonomische und politische Emanzipationskräfte entfacht und andererseits neue Verwerfungen schafft.[11] Im Mittelpunkt ihrer Kritik steht die instrumentelle Verwertungsdynamik des Kapitalismus. Selbst- und Weltbeziehungen werden nur noch unter dem Vorzeichen ihrer Verwertbarkeit gesehen. Die Verwertungsdynamik führt dazu, dass Personen, Sachen, Güter und Natur nur hinsichtlich jenes Werts berücksichtigt werden, den sie für die materielle Reproduktion, Selbsterhaltung und Profitmaximierung haben. Ihr möglicher Selbstwert wird dabei nicht anerkannt. Hinge-

10 Vgl. Raymond Geuss, »Leiden und Erkennen (bei Adorno)«, in: Axel Honneth (Hrsg.), *Dialektik der Freiheit. Frankfurter Adorno-Konferenz 2003*, Frankfurt a. M. 2005, S. 41–52.

11 Siehe dazu S. 119 ff.

gen wird Erkenntnis ihren Gegenständen eigentlich erst dann ›gerecht‹,[12] wenn deren Selbstwert berücksichtigt wird, der sich mit ihrem marktförmigen Tauschwert gar nicht verrechnen lässt.

(2.) Schicksal: Der Rückfall hinter die eigenen Möglichkeiten erscheint wie ein unabwendbares Schicksal. Zwar verspricht Aufklärung eine Befreiung von jenen Schicksalsmächten, die im Mythos beschrieben werden. Die Verwertungsdynamik durchdringt die Lebensbereiche jedoch mit einer solchen Wucht, dass sie einer Schicksalsmacht vergleichbar ist. Sie widerfährt als eine unveränderliche Gegebenheit. Horkheimers und Adornos Mythosbegriff verweist damit auf eine bestimmte Erfahrung von Ohnmacht, in der man einem unentrinnbaren Schicksal und unumstößlichen Naturgegebenheiten ausgeliefert ist.

Beide heben dabei auf den Scheincharakter des Mythos ab.[13] Zwar scheint es so zu sein, als sei der Kapitalismus ein Schicksal. Ihre Aufklärungskritik wendet sich jedoch gegen diesen Schein und macht geltend, dass der Kapitalismus keineswegs unveränderlichen Gesetzen unterliegt. Es scheint nur so zu sein, als würden die Unrechtserfahrungen der Moderne unentrinnbar über die Betroffenen hereinbrechen. Dabei wird der Eigenanteil verschleiert, den sie dazu beitragen, dass das Unrecht überhaupt zustande kommt. Verschleiert wird die Schuld, die sie für das Unrecht tragen.

(3.) Schuld: Die *Dialektik der Aufklärung* ist Sinnbild einer Moderne, die im Widerspruch zu ihren Erkenntnis- und Freiheitsmöglichkeiten steht. Sie ist das Schicksal, das schuldhaft widerfährt. Als ein Negatives, das man letztendlich nicht bejahen kann, geschieht das moderne Unrecht gegen die Inten-

12 GS 6: 53, 149.
13 GS 3: 56.

tionen der Betroffenen. Gleichwohl löst es sich nicht in reines Erleiden auf. Ein Rest von Schuld, die für das Unrecht mitverantwortlich macht, steht im Kontrast zu den homerischen Schicksalsmächten, denen etwa Odysseus schuldlos ausgeliefert ist. Aber auch von tragischer Schuld ist die Schuld in der Moderne verschieden, da man ihr durchaus entrinnen kann. Von episch-mythischer Schuldlosigkeit unterscheidet das moderne Unrecht sein aktives Verschulden und von tragischer Schuld seine Vermeidbarkeit. Auf diese spezifisch moderne Schuld verweist Adornos Begriff des »Schuldzusammenhangs«.[14] Damit wird eine Zwischenposition markiert, die zwischen moralischer Autonomie und sozialem Determinismus liegt. Sie gibt Adornos Gedanken einer schuldhaften Verstrickung Raum, die nicht einer moralisierenden Schuldzuweisung dient, sondern der Ermächtigung bzw. der emanzipatorischen Aufklärung. Denn dort, wo Unrecht und Leiden hausgemacht sind, liegt es eben auch in der Macht ihrer Verursacher, sie zu vermeiden.

Der Schuldgedanke ist Teil der Figur des Umschlags. Die Umschlagsfigur verweist darauf, dass die Kluft zwischen Möglichkeit und Wirklichkeit nicht von außen der Aufklärung zugefügt wird, sondern aus der Aufklärung selbst hervorgeht. Sie entsteht aus der »*Selbst*zerstörung der Aufklärung«[15]. Das Aufklärungsversprechen bleibt dabei nicht deshalb unerfüllt, weil eine äußere Macht dies verhindert. Vielmehr unterbietet die Aufklärung ihren Anspruch aus dem Grund, weil sie *selbst* Herrschaft, Leiden und Verblendung erzeugt. Der Mythos ist letztlich ihre Folge.[16] Mit diesem Paukenschlag beginnt die *Dialektik der Aufklärung*:

14 Siehe S. 94 ff.
15 GS 3: 11, 13; Hervorhebung durch T. W.
16 GS 3: 24.

»Seit je hat Aufklärung im umfassendsten Sinn fortschreitenden Denkens das Ziel verfolgt, von den Menschen die Furcht zu nehmen und sie als Herren einzusetzen. Aber die vollends aufgeklärte Erde strahlt im Zeichen triumphalen Unheils.«[17]

Das Unrecht zur Mitte des 20. Jahrhunderts ist nicht das Ergebnis einer vormodernen Gegenaufklärung, sondern die Frucht einer »vollends aufgeklärten« Welt und einer »restlos aufgeklärten Menschheit«[18]. Der fortschreitenden Rationalisierung wohnt selbst ein irrationales Moment inne, insofern sie selbst die Verblendung erzeugt, deren Überwindung sie eigentlich verspricht. Die Rationalisierung schlägt also durch sich selbst und nicht aufgrund äußerer Umstände in ihr Gegenteil um.[19]

(4.) Rationalisierung: Sofern der Umschlag der Aufklärung in ihr Gegenteil nicht durch äußere Umstände verursacht wird, liegt die Ursache in der Aufklärung selbst. Mit anderen Worten: Die Rationalisierung selbst ist die Ursache für die Verblendung. Aufklärung vollzieht sich als ein Prozess der Rationalisierung, in dem Lebens- und Weltdeutungen ihre autoritativ verbürgten Gewissheiten einbüßen. Mit dem Wegfall der traditionalistischen Deutungshoheit von Religion und Ethik entsteht ein zunehmender Legitimationsdruck, sich der Selbst- und Weltbilder durch eine andere Form der Rechtfertigung zu vergewissern. Fortan versichern sich die Betroffenen ihrer Selbst- und Weltdeutungen aus der unvertretbaren Teil-

17 GS 3: 19.
18 GS 3: 56.
19 Später, wenn wir zu Adornos Widerspruchstheorie kommen, wird sich zeigen, wie er diesen Umschlag und Rückfall der Aufklärung in den Mythos als eine Struktur des Widerspruchs konzeptualisiert, siehe S. 35–41.

nehmerperspektive, in der man sich ein eigenes Urteil bildet. Mit diesem Legitimationsdruck wächst auch die Neigung dazu, sich von diesem Druck zu entlasten. Der Prozess der Rationalisierung entfaltet nicht nur das emanzipatorische Potential, sich der Lebens- und Weltdeutungen selbst zu vergewissern. Aus ihm geht zugleich die gegenläufige Tendenz hervor, sich vom Legitimationsdruck zu entlasten, indem man sich auf vermeintliche Gewissheiten verlegt, die einem den gewünschten Halt versprechen.

Diese Entlastung zugunsten vermeintlicher Gewissheiten wird von Adorno als ›Sekuritätsdenken‹[20] bezeichnet. Man versucht in diesem Sinne, sich an einem ›Festen‹, ›Unmittelbaren‹ und ›Ersten‹ festzuhalten.[21] Dieser Ansatz drückt sich in der Wissenschaft als ›System‹-Denken und in der Praxis als ›verwaltete Welt‹ aus. Das Sekuritätsdenken wandert in die Urteilsbildung in dem Maße ein, wie sich traditionalistische Deutungsautoritäten aus der Urteilsbildung zurückziehen. Je weniger man sich auf vorgegebene Weltanschauungen verlassen kann, desto weiter öffnet sich das Einfalltor für einfache Antworten, mit denen man sich zu beruhigen sucht. Die dereinst autoritativ verbürgten Sicherheiten werden durch vermeintliche Gewissheiten ersetzt, die man nun selbst für begründeter halten will, als sie es tatsächlich sind. Die Emanzipation von traditionalistischen Autoritäten schlägt dann in Ideologie um, und Rationalisierung wird von ihrem Gegenteil eingeholt. Dieser Umschlag wird durch die sozioökonomischen Rahmenbedingungen des Kapitalismus unterstützt. Durch den Wegfall traditionalistischer Deutungshoheiten wird nicht nur der Rechtfertigungsdruck erhöht, der auf der individuellen Urteilsbildung lastet. Zusätzlich spielt der Kapitalismus der

20 GS 6: 45.
21 GS 6: 43, 48–50.

Neigung in die Hände, sich von der unvertretbaren Urteilsbildung zu entlasten.[22]

Aufklärung schlägt demnach in zwei Richtungen um. Sowohl die theoretische als auch die praktische Vernunft fällt hinter ihren Anspruch zurück, oder anders ausgedrückt: Erkenntnis schlägt in Verblendung und Freiheit in Herrschaft um. Verblendung geht mit der Rationalisierung einher, indem man sich vom Legitimationsdruck entlastet und an vermeintlichen Gewissheiten festhält. Freiheit schlägt wiederum in Herrschaft um, weil man sich von Lebens- und Weltdeutungen führen lässt, die ohne Not oder Zwang für begründeter gehalten werden, als sie tatsächlich sind. Aus *freien* Stücken hält man einfache Antworten für wahr.

Die Grundannahme der *Dialektik der Aufklärung*, dass Erkenntnis *selbst* in Verblendung und Freiheit *selbst* in Herrschaft umschlagen, würde anders auch überhaupt keinen Sinn machen: Wenn äußere Umstände zur Verblendung und Herrschaft zwingen würden, dann würden nicht Erkenntnis und Freiheit umschlagen. Zweifelsohne gibt es auch diese Fälle der Gegenaufklärung, durch die Verblendung und Herrschaft durch Not und Zwang gewaltsam herbeigeführt werden. Darüber hinaus wird in der *Dialektik der Aufklärung* geltend gemacht, dass auch aus Freiheit auf die emanzipatorische Kraft der Rationalisierung verzichtet werden kann, sich der Lebens- und Weltdeutungen durch wahrheitsfähige Urteile selbst zu vergewissern. Man gibt sich freiwillig mit einfachen Antworten zufrieden, die einem eine unvertretbare Urteilsfindung abnehmen sollen.

(5.) Selbstverwirklichung der Vernunft: Die Tradition der Aufklärung, gegen die sich Horkheimers und Adornos Kritik richtet, geht von einem bestimmten Verständnis von Vernunft

22 Siehe S. 133–149.

aus. Diesem traditionellen Vernunftverständnis liegt der Gedanke zugrunde, dass sich die Vernunft ›durch sich selbst‹ oder ›von selbst‹ verwirklicht. Adornos Referenzautoren für diese Tradition sind Aristoteles und Kant. Ihnen zufolge verwirklicht sich die Vernunft selbst aufgrund ihrer ›Selbstbewegung‹ (Aristoteles) oder ›Spontaneität‹ (Kant). Das Ziel ihrer Verwirklichung liegt im Vernunftvermögen selbst. Dem Vermögen der Vernunft ist seine Ausübung als ein inneres Ziel eingeschrieben, die nur durch äußere Umstände gewaltsam blockiert werden kann. Ohne äußere Blockaden strebt das Vernunftvermögen von sich aus zur Verwirklichung. Die Selbstverwirklichung der Vernunft wird von Adorno in drei Hinsichten erörtert, nämlich in Bezug auf Identität, Notwendigkeit und Selbsterkenntnis.

(a) Identität: Das traditionelle Verständnis der Vernunft, die sich selbst verwirklicht, wird von Adorno als ›Identitätsphilosophie‹, ›Identitätsdenken‹ und ›identifizierendes Denken‹ bezeichnet. Die Möglichkeit und Wirklichkeit der Vernunft sind in dem Sinne identisch, als die Möglichkeit von selbst in Wirklichkeit übergeht: Sie gibt sich selbst eine Wirklichkeit. »Das Denken verdinglicht sich zu einem selbsttätig ablaufenden, automatischen Prozeß.«[23] Das bedeutet jedoch nicht, dass Vernunft stets verwirklicht wird. Wenn sie aber nicht verwirklicht ist, dann aufgrund von äußeren Umständen, die das Vernunftvermögen an seiner Verwirklichung gewaltsam hindern. Ohne äußere Hindernisse hingegen geht die Möglichkeit der Vernunft von selbst in ihre Wirklichkeit über.

(b) Notwendigkeit: Hinter dem Fortschrittsglauben der Aufklärung verbirgt sich das Verständnis einer Vernunft, die sich mit Notwendigkeit verwirklicht. Diese Notwendigkeit wird durch die Identität der Vernunft verbürgt. Weil sich das Ver-

23 GS 3: 42.

nunftvermögen durch sich selbst verwirklicht, erfolgt der Übergang von der Möglichkeit zur Wirklichkeit der Vernunft notwendig. Rechtsgarantien, Wohlstand, Bildung und Sozialisation sind demnach notwendige (unverzichtbare) und zugleich *hinreichende* (allein ausreichende) Wirklichkeitsbedingungen, unter denen das Vernunftvermögen notwendig zur Ausübung kommt. Die Frage nach der Verwirklichung der Vernunft wird hier durch die Erklärung beantwortet, wie sich solche günstige Umstände institutionalisieren, verfestigen oder stabilisieren lassen. Deshalb kann der Fortschritt auch einen nichtlinearen Verlauf nehmen. Unter den instabilen Bedingungen fehlender Rechtsgarantien, ausbleibenden Wohlstands, geringer Bildung oder gestörter Sozialisation kommt es in der fortschreitenden Verwirklichung der Vernunft zu Rückschlägen oder Phasen des Stillstands. Dennoch verwirklicht sich die Vernunft notwendigerweise, nämlich dann, wenn günstige Umstände wie Rechtsgarantien, Wohlstand und Bildung gegeben sind. Dieser Fortschrittglaube beruht auf der Prämisse, dass die Möglichkeit der Vernunft in deren Wirklichkeit mit Notwendigkeit übergeht.

(c) Selbsterkenntnis: Die Identitätsphilosophie beansprucht eine gesicherte Erkenntnis über den Grund, warum sich Vernunft verwirklicht. Der Grund besteht darin, dass sich Vernunft durch sich selbst und damit notwendig verwirklicht. Vernunft erkennt sich sozusagen selbst, indem der Grund ihrer Wirklichkeit erfasst wird. Dabei bleibt dieser Grund, so Adornos Kritik, der Erkenntnis in Wahrheit versperrt. Aufklärung wird »totalitär«[24], wenn mit dem Grund, warum Vernunft zur Wirklichkeit kommt, dasjenige in Erkenntnis aufgelöst werden soll, was sich gesicherter Erkenntnis nun einmal entzieht. Der Übergang von der Möglichkeit zur Wirklichkeit der Ver-

24 GS 3: 22, 41.

nunft erfolgt vielmehr, so Adorno, mit einer Kontingenz (im Sinn von Nicht-Notwendigkeit), die sich durch keine erkenntnistheoretische Aufklärung wegargumentieren lässt.

Horkheimer und Adorno wollen die Aufklärung also nicht als solche in Misskredit bringen. Vielmehr ist es ihnen um eine ›Rettung der Aufklärung‹ zu tun. Ihre rettende Kritik soll die Grenzen der Aufklärung aufweisen und damit der Aufklärung allererst zu ihrem Recht verhelfen. Allerdings wurde ihre Aufklärungskritik beispielsweise von Jürgen Habermas als eine ›aporetische‹, sich selbst widersprechende Kritik getadelt.[25] In heillose Selbstwidersprüche verstricke sich ihre Annahme, dass jegliche Aufklärung – auch die von ihnen selbst beanspruchte – in ihr Gegenteil umschlage. Denn so bleibt nicht mehr das Recht erkennbar, mit dem sie ihre eigene Kritik üben, erfolgt sie doch selbst im Namen einer Aufklärung, die ihrerseits Verblendung erzeugt.

Die soeben skizzierte Deutung schlägt ein anderes Verständnis vor. Horkheimers und Adornos Kritik nimmt tatsächlich nur die identitätsphilosophische Version der Aufklärung ins Visier: Angegriffen werden Aufklärung und Rationalität nicht als solche, sondern vor allem »das Falsche der losgelassenen, sich selbst entlaufenden Rationalität«[26]. Die Dialektik der Aufklärung gelesen als ›die dialektische Auffassung von Aufklärung‹ beansprucht einen Begriff von Vernunft, der ihrer kontingenten, nicht notwendigen Verwirklichung gerecht wird.

25 Jürgen Habermas, *Theorie des kommunikativen Handelns*, (s. Anm. 5), S. 515.

26 GS 6: 44; vgl. GS 7: 381.

1.2 Mythos als Aufklärung

Schon der Mythos dient der Aufklärung. So lautet die zweite Annahme der *Dialektik der Aufklärung*. Der Mythos leistet bereits insofern einen Beitrag zur Aufklärung, indem er einer Kontingenz Rechnung trägt, die sich nicht rationalisieren lässt. Auch unter günstigen Umständen verwirklicht sich die Vernunft nicht mit Notwendigkeit, sondern kontingenterweise. Das Vernunftvermögen wird auch dann nicht notwendig ausgeübt, wenn Rechte garantiert und Wohlstand gesichert sind, Bildungsinstitutionen allen offenstehen und das Familienumfeld intakt ist. Selbst unter den günstigen Umständen von Rechtsgarantien, Wohlstand, hoher Bildung und guter Sozialisation wird nicht notwendigerweise die Bereitschaft erzeugt, sich ein eigenes und wahrheitsfähiges Urteil zu bilden. Günstige Umstände sind notwendige, aber nicht hinreichende Bedingungen dafür, dass das Vernunftvermögen ausgeübt wird. Zwar muss man seine Rechte auch wahrnehmen und ausüben können. Aber selbst unter der Voraussetzung, dass diese Wirklichkeitsbedingungen erfüllt sind, findet eine Urteilsbildung nicht notwendigerweise statt. Der Übergang von der Möglichkeit zur Wirklichkeit der Vernunft erfolgt auch dann nicht notwendig, wenn günstige Umstände oder andersherum: keinerlei Blockaden vorliegen. Er tritt vielmehr kontingent ein.

In Bezug auf diese Kontingenz der Vernunft trägt der Mythos zweifach zur Aufklärung bei: Im Mythos wird erstens die Kontingenz als eine Grenze der Aufklärung anerkannt. Er gibt dem einen Namen, was sich einer gesicherten Erkenntnis entzieht:

> »Der Ruf des Schreckens, mit dem das Ungewohnte erfahren wird, wird zu seinem Namen. Er fixiert die Transzendenz des Unbekannten gegenüber dem Bekannten und

damit als Heiligkeit. Die Verdoppelung der Natur in Schein und Wesen, Wirkung und Kraft, die den Mythos sowohl wie die Wissenschaft erst möglich macht, stammt aus der Angst des Menschen, deren Ausdruck zur Erklärung wird.«[27]

Eine solche Angst wird ausgelöst von etwas Unbekanntem, Dunklem oder Unheimlichem, das sich einer gesicherten Erkenntnis grundsätzlich entzieht. Gesicherter Erkenntnis entzieht sich hier der Grund, warum sich Vernunft verwirklicht. Er lässt sich nicht in einen Vernunftgrund überführen. Der Mythos hält nun die Kontingenz *als* etwas fest, über das sich keine gesicherte Erkenntnis gewinnen lässt. Der Mythos leistet also Aufklärungsarbeit, indem er an diesen blinden Fleck der Vernunft erinnert. Statt diesen Fleck zu verdrängen, kommt es darauf an, ihn anzuerkennen.

Zweitens trägt der Mythos zur Aufklärung bei, indem er zur Handlungsautonomie ermächtigt. Diese wird von Adorno modellhaft im Exkurs über Homers *Odyssee* beschrieben: Anstatt sich in sein Schicksal zu ergeben, schreitet Odysseus zu Taten, die seine schicksalhafte Irrfahrt beenden und seine Heimkehr ermöglichen. Indem er sich beispielsweise in der Sirenen-Episode an den Mast fesseln lässt und die Ohren der Ruderer verschließt, vermag er die verhängnisvollen Skylla und Charybdis zu passieren und damit die Schicksalsmächte zu überwinden, die seine Heimkehr verhindern. Odysseus' Handlungsautonomie bildet eine Zwischenposition. Sie liegt zwischen der Selbstermächtigung, die von der Aufklärung propagiert wird, und der Ohnmacht, mit der man den mythischen Schicksalsmächten ausgeliefert ist.

Die *Dialektik der Aufklärung* behandelt also die Frage, wie es zur Verwirklichung einer Vernunft kommt, die sich nicht

27 GS 3: 31.

selbst verwirklicht. Zwei Lösungswege sind versperrt: Einerseits gibt es kein Zurück zum Ursprung. Die Verwirklichung kann nicht für schlechterdings unerklärlich gehalten werden. Damit würde sie zu einer Laune des Schicksals verrätselt; man wäre dem nackten Zufall, ob sich Vernunft verwirklicht oder nicht, so hilflos ausgeliefert wie einem homerischen Gott. Andererseits büßt die traditionelle Aufklärungsvorstellung ihre Überzeugungskraft ein. Das Vertrauen in eine Fortschrittsgeschichte der Vernunft ist irreversibel erschüttert. Es wird also ein Begriff der Vernunft gesucht, der sowohl ihre Verwirklichung als auch ihre Kontingenz erklärt. Dialektik bedeutet in der Aufklärungsschrift die Einheit beider Gegensätze: die Einheit von Kontingenz und Vernunft, von Mythos und Aufklärung.

2. Negative Dialektik

In der *Dialektik der Aufklärung* bleibt Adorno eine Erklärung für zweierlei schuldig. Erstens wird in ihr das Problem zwar beschrieben, aber nicht eigentlich erklärt. Es besteht offensichtlich in dem Umschlag der Aufklärung in ihr Gegenteil. Offen bleibt hingegen die Frage nach der Ursache für diesen Rückfall. Warum bleibt die Aufklärung hinter ihren Möglichkeiten zurück? Zweitens fehlt ein Lösungsvorschlag. Adorno muss erklären, wie die Aufklärungsversprechen auf Freiheitsgewinne, Glückszuwächse und Erkenntnisfortschritt eingelöst werden können, wenn doch die Aufklärung selbst in ihr Gegenteil umschlägt. Warum verwirklicht sich die Vernunft, wenn sich der Mensch durch die Freiheit auszeichnet, sich von ihrer Verwirklichung entlasten zu können?

Beide Fragen werden von Adorno in der *Negativen Dialektik* mithilfe von vier Theorieelementen beantwortet: Dialektik nimmt dementsprechend vier Bedeutungen an. Als Realdialektik bezieht sie sich erstens auf den Widerspruch, der zwischen dem Positiven und dem Negativen, zwischen der Vernunft und ihren Pathologien besteht (2.1). Als dialektische Methode wendet Adorno zweitens einen Negativismus an, dem zufolge das Positive ausgehend vom Negativen bestimmt wird (2.2). Der dialektische Negativismus konkretisiert sich drittens in der Praxis als Kritik (2.3). Und viertens steht Dialektik unter dem Titel des ›Nichtidentischen‹ für die Einheit von gegensätzlichen Momenten ein (2.4).

2.1 *Widerspruch*

Erfahrenes Unrecht wie Leiden, beschädigtes Leben und Entfremdung werden von Adorno als das ›Negative‹ bzw. als ›Negativität‹ bezeichnet. Der Begriff des Negativen hat dabei zwei Bedeutungen, nämlich eine normative und eine ätiologische Bedeutung.

Der *normative* Begriff des Negativen bezieht sich auf die Verletzung von Ansprüchen. Normativität bedeutet, dass bestimmte Ansprüche berechtigt sind und Schutz verdienen. Personen dürfen voneinander erwarten, dass ihre Ansprüche geachtet und nicht verletzt werden. Adornos normativer Begriff des Negativen bezieht sich demnach auf die Missachtung berechtigter Ansprüche, deren Achtung geboten und deren Verletzung verboten sind.[28]

Adornos *ätiologischer* Begriff des Negativen (Ätiologie bedeutet die Lehre von den Ursachen) bezieht sich auf die Ursache für die Unrechtserfahrungen. Es geht also um die Ursache dafür, dass Ansprüche verletzt werden, obwohl sie schützenswert sind. Warum fügen sich Personen einander Unrecht zu?

28 Siehe zu Adornos Theorie der Normativität S. 70–76.

In ätiologischer Hinsicht bedeutet das Negative die Ursache, warum etwas, das nicht sein soll, ist. Die Ursachen für Normenverletzungen lassen sich als Pathologien der Vernunft beschreiben. Wenn in Normenverletzungen schützenswerte Ansprüche verletzt werden, und wenn Vernunft das Vermögen ist, sich am Guten und Wahren zu orientieren, dann gehen Normenverletzungen darauf zurück, dass das Vernunftvermögen nicht ausgeübt wird. Adornos ätiologischer Begriff des Negativen betrifft also die Ursache, weshalb es nicht zur Verwirklichung der Vernunft kommt; diesem Begriff werden wir uns im Folgenden widmen.

Auf die Frage nach dem Negativen lassen sich zwei Antworten geben, die unterschiedlicher nicht sein könnten: eine Privationstheorie und eine Widerspruchstheorie des Negativen. Das Negative kann als *Privation* (wörtl. ›Mangel‹) – oder als Widerspruch aufgefasst werden. Die Identitätsphilosophie geht nun von einer *Privationstheorie* aus. In ihr wird das Negative als ein Mangel des Positiven bestimmt. Pathologien der Vernunft erschöpfen sich hier in dem Mangel an günstigen Umständen, unter denen sich die Vernunft verwirklicht. Zwar strebt das Vernunftvermögen von sich aus zur Ausübung. Diese Ausübung wird aber durch den Mangel an günstigen Umständen gewaltsam blockiert. Entscheidend ist, dass die Privationstheorie eine hinreichende Bedingung für den Begriff des Negativen sein soll. Vernunft verwirklicht sich hier ausnahmslos also deshalb nicht, weil die Bedingungen fehlen, unter denen sie sich verwirklichen kann. Der geschichtliche Fortschritt in der Entwicklung politischer Institutionen, moralischer Standards und kultureller Selbstvergewisserungen hält an, solange günstige Bedingungen bestehen, und bleibt nur dann aus, wenn diese Bedingungen fehlen. Für Pathologien der Vernunft, die trotz günstiger Umstände entstehen, bleibt kein Raum.

Eine alternative Erklärung für die Pathologien der Vernunft bietet die Dialektik. Ihr liegt eine Widerspruchstheorie zugrunde, in der das Negative als *Widerspruch* bestimmt wird.[29] Das Negative ist hier nicht der Mangel eines Positiven, sondern eine gegenüber dem Positiven selbstständige Größe. Oder anders ausgedrückt: Das Negative ist eine Kraft eigenen Wesens. Adorno verwendet auch den Hegel'schen Begriff einer ›absoluten‹ Negativität,[30] um sich gegen die Privationstheorie abzugrenzen; das absolute Negative ist vom Positiven losgelöst (*absolvere* bedeutet ›loslösen‹) und bildet eine eigenständige Kraft.[31] Positives und Negatives stellen zwei eigenständige Kräfte dar, die in gegensätzliche Richtungen ziehen. Als gleichwertige Gegenkräfte stehen die Vernunft und ihre Pathologien in einem Widerstreit zueinander.

Die Widerspruchstheorie trägt der Tatsache Rechnung, dass Pathologien der Vernunft auch dann entstehen, wenn deren Wirklichkeitsbedingungen erfüllt sind. Auch im Fall von günstigen Umständen, unter denen sich das Vernunftvermögen ungehindert entfalten könnte, muss es nicht zu seiner Ausübung kommen. Pathologien der Vernunft gehen demnach nicht auf einen Mangel an günstigen Umständen zurück, sondern auf die Freiheit, mit der man sich ohne Not oder Zwang von der Vernunftausübung entlastet. Diese Freiheit berechtigt dazu, das Negative als eine eigenständige Größe zu bestimmen. Erst dessen Rückführbarkeit auf Freiheit berechtigt zu der Annahme, dass das Negative sich gegenüber dem Positiven verselbstständigt hat. Wir werden später sehen, dass sich solche Pathologien, die aus Freiheit entstehen, in ethischer

29 GS 6: 17, 140.
30 GS 6: 354 f.
31 Vgl. G. W. F. Hegel, *Wissenschaft der Logik*, Frankfurt a. M. 1986, Bd. 1, S. 124.

Hinsicht als Gleichgültigkeit und in erkenntnistheoretischer Hinsicht als Selbsttäuschung bestimmen lassen.[32] Beide, Gleichgültigkeit und Selbsttäuschung, sind unterschiedliche Erscheinungsformen derselben Pathologie, die darin besteht, dass man sich aus Freiheit von der Vernunftausübung entlastet.

Adorno versteht unter dem Widerspruch zwischen der Ausübung der Vernunft und der Entlastung von ihr eine Realdialektik. Er unterschiedet dabei zwischen Realdialektik und dialektischer Methode.[33] Realdialektik ist »die Ontologie des falschen Zustandes«[34] und bedeutet, dass die Realität selbst dialektisch verfasst ist. Demnach sind die Pathologien der Vernunft nicht bloß ein Mangel, sondern eine eigenständige Realität, die für sich selbst steht. Vernunftpathologien sind nicht nur der Mangel an Wirklichkeitsbedingungen, unter denen sich Vernunft verwirklicht. Als ein realdialektischer Widerspruch bilden sie vielmehr eine eigenständige Realität, die unabhängig vom Mangel an den Wirklichkeitsbedingungen der Vernunft besteht. Vernunftpathologien lassen sich somit nicht als Privation, sondern als Widerspruch begreifen: Sie wirken als Kräfte, die im Widerstreit mit rationalisierenden Kräften stehen. Vernunft wird somit zu einem Effekt kognitiver Kräfteverhältnisse.

Adornos realdialektischer Widerspruchsbegriff unterscheidet sich damit von zwei anderen, sonst auch üblichen Bedeutungen des Widerspruchs. Er unterscheidet sich erstens von der logischen Bedeutung der Inkonsistenz. Deren Gegenteil ist die Konsistenz, d. h. die logische Widerspruchsfreiheit, die ein wichtiges Rationalitätskriterium für die Schlüssigkeit einer Argumentation ist. Aufgrund des Prinzips der Widerspruchs-

32 Siehe S. 86–106.
33 V 2: 9–14; vgl. GS 6: 148.
34 GS 6: 22.

freiheit kann Vernunft nicht in derselben Hinsicht sein und zugleich nicht sein. Konsistenz wird von Adornos Vernunftkonzept ebenso wie von anderen Vernunftkonzepten beansprucht. Sie ist deshalb kein hinreichendes Kriterium, um zwischen Identitätsphilosophie und Adornos Dialektik zu unterscheiden. Um die Vor- und Nachteile beider Ansätze zu beurteilen, bedarf es daher eines zusätzlichen Kriteriums. Als ein solches Kriterium gilt die diagnostische Reichweite, in dessen Licht die dialektische Philosophie einen Vorteil aufweist: Sie trägt der Fülle von Phänomenen besser Rechnung, weil sie einen realen Widerspruch zu erklären vermag, den die Identitätsphilosophie bestreiten muss.[35]

Adornos Widerspruchsbegriff unterscheidet sich zweitens von der Bedeutung der Antinomie. Eine Antinomie besteht darin, dass etwas nicht ohne sein Gegenteil gedacht oder ausgeübt werden kann. Sie liegt beispielsweise dann vor, wenn mit bestimmten Freiheitsgewinnen unvermeidbar Freiheitsverluste einhergehen, etwa dann, wenn gewisse Demokratieverfahren zwangsläufig zu Demokratiedefiziten führen, oder wenn auf einseitigen Rationalisierungsprozessen unvermeidbar Rationalitätseinbußen folgen. Solche Antinomien werden zu Recht als Merkmal insbesondere moderner Gesellschaften bezeichnet. Sie erschöpfen jedoch nicht deren Realwiderspruch, weil sie das Freiheitsmoment außer Betracht lassen, das den Widerspruch bei Adorno zu einem Widerstreit von zwei eigenständigen Größen macht. Adornos dialektischer Begriff des Widerspruchs bedeutet einen Widerstreit, in dem sich Positives und Negatives als selbstständige Kräfte gegenüberstehen. Er geht damit über die Diagnose von gesellschaftlichen Antinomien hinaus.

Deutlich wird bereits, weshalb die ätiologische Frage nach der Ursache von Unrecht jeweils für die Identitätsphilosophie

35 Siehe S. 56–65.

und dialektische Philosophie unterschiedlich relevant ist. Für die Identitätsphilosophie ist sie weniger wichtig, denn um die Ursache der Normenverletzungen zu erfassen, müssen nur die Wirklichkeitsbedingungen der Vernunft bestimmt und deren Mangel festgestellt werden. Die dialektische Philosophie hingegen muss zweierlei klären: Zum einen kommt es auf ein besseres Verständnis der Freiheit an, kraft deren man sich trotz günstiger Umstände von einer Vernunftausübung entlasten kann. Zum anderen bedarf es einer Erklärung, ob und, falls ja, wie die Vernunft im Widerstreit mit einer eigenständigen Gegenkraft verwirklicht werden kann.

Mit den unterschiedlichen Deutungen des Negativen als Mangel oder Widerspruch werden in der Theoriebildung die Weichen gestellt. Die identitätsphilosophische Theoriestrategie zielt darauf, die Annahme von eigenständigen Pathologien auszuschließen, die sich nicht als Mangel erklären lassen. Die Freiheit, ohne Not oder Zwang Pathologien vorzuziehen, stellt in ihrem Verständnis eine Denkunmöglichkeit dar. Vernunft lässt sich nicht anders denken als ein Vermögen, das durch sich selbst zur Verwirklichung strebt.

Dialektische Philosophie bietet hier eine Theoriealternative an. Die Verwirklichung der Vernunft kann nur dann begreiflich gemacht werden, wenn der gegenteiligen Annahme über eigenständige Pathologien Rechnung getragen wird. Nur dann, wenn das Negative als Widerspruch berücksichtigt wird, gelangt ein unverkürzter Vernunftbegriff in den Blick.

Dies stellt Adornos Philosophie vor erhebliche Schwierigkeiten. Vernunft und ihre Pathologien sind zwar eigenständige, aber keine gleichrangigen Prinzipien. Denn letztlich gebührt der Vernunft ein Vorrang in der Wirklichkeit. Mit der Anerkennung eigenständiger Pathologie kommt indes eine Größe ins Spiel, die den Vorrang der Vernunft in Frage stellt: Einerseits soll der Vernunft in der Wirklichkeit tatsächlich ein

Vorrang zukommen. Andererseits zeichnet sich der Mensch durch die Freiheit aus, sich von ebendiesem Vernunftvorrang entlasten zu können. Dialektische Philosophie muss sich deshalb einen Reim auf den Widerspruch zwischen der Vernunft und ihren Pathologien machen: Wie kann richtig sein, dass Personen vorrangig ihr Vernunftvermögen ausüben und zugleich die Freiheit haben, sich von der Vernunftausübung zu entlasten? Das erscheint wie die Quadratur des Kreises.

2.2 *Negativismus*

Die Widerspruchstheorie macht ein bestimmtes Verfahren erforderlich, um zu einem angemessenen Vernunftverständnis gelangen zu können. Dialektik nimmt damit die Gestalt einer Methode an. Adornos dialektische Methode wird gemeinhin als ›Negativismus‹ bezeichnet.[36]

Der dialektische Negativismus geht auf Hegel, Kierkegaard und Marx zurück und besteht darin, dass das Positive vom Negativen her bestimmt wird.[37] Bereits in seiner Antrittsvorlesung *Die Aktualität der Philosophie* im Mai 1931 betont Adorno, dass ebenso wie die Bestimmung des Guten es zur Aufgabe der Philosophie gehöre, »die dämonischen Gewalten besser erken-

36 Vgl. z. B. Theunissen, »Negativität bei Adorno«; Emil Angehrn, »Dispositive des Negativen. Grundzüge negativistischen Denkens«, in: E. A. / Joachim Küchenhoff (Hrsg.), *Die Arbeit des Negativen. Negativität als philosophisch-psychoanalytisches Problem*, Weilerswist 2014, S. 13–36.

37 Siehe zum Negativismus bei Kierkegaard: Michael Theunissen, *Das Selbst auf dem Grund der Verzweiflung. Kierkegaards negativistische Methode*, Frankfurt a. M. 1991; M. T., *Der Begriff Verzweiflung. Korrekturen an Kierkegaard*, Frankfurt a. M. 1993; Tilo Wesche, *Kierkegaard. Eine philosophische Einführung*, Stuttgart 2003.

nen und bannen [zu] lernen«[38]. Für seinen Negativismus greift Adorno auf Hegels Konzept der Dialektik zurück. Unter Verwendung des folgenden Zitats aus Hegels *Phänomenologie des Geistes* beschreibt Adorno sein eigenes Selbstverständnis:

> »[D]as Leben des Geistes [...] gewinnt seine Wahrheit nur, indem er in der absoluten Zerrissenheit sich selbst findet. Diese Macht ist er nicht als das Positive, welches von dem Negativen wegsieht, wie wenn wir von etwas sagen, dies ist nichts oder falsch, und nun, damit fertig, davon weg zu irgend etwas anderem übergehen; sondern er ist diese Macht nur, indem er dem Negativen ins Angesicht schaut, bei ihm verweilt.«[39]

Adorno hätte sich auch auf andere Textbefunde bei Hegel stützen können, etwa in dessen *Wissenschaft der Logik*: »Das, wodurch sich der Begriff selbst weiterleitet, ist das [...] *Negative*, das er in sich selbst hat; das macht das wahrhaft Dialektische aus«[40]. Dieses Negative wird als der Widerspruch beschrieben. Der Widerspruch »ist die Wurzel aller Bewegung und Lebendigkeit; nur insofern etwas in sich selbst einen Widerspruch hat, bewegt es sich, hat Trieb und Tätigkeit«[41]. Zudem führt Hegel aus, »daß der Widerspruch eben das Erheben der Vernunft über die Beschränkungen des Verstandes und das Auflösen derselben ist«[42]. Der Widerspruch ist nicht bloß schlecht, sondern ein Negatives, das (und genau darin liegt das Dialektische) über seine Negation erst zum Positiven, zur Vernunft führt.

38 GS 1: 334 f.

39 GS 4: 15. Das Zitat stammt aus: G. W. F. Hegel, *Phänomenologie des Geistes*, Stuttgart 1987, S. 32. Vgl. zum Negativismus bei Hegel auch: Ebd., S. 21–23.

40 Hegel, *Wissenschaft der Logik*, (s. Anm. 30), Bd. 1, S. 51.

41 Ebd., Bd. 2, S. 75.

42 Ebd., Bd. 1, S. 39.

Adorno greift diesen negativistischen Ansatz bei Hegel auf und entwickelt ihn zugleich weiter. Ein angemessenes Vernunftverständnis wird nur dann gewonnen, wenn es zu erklären gelingt, weshalb die Vernunft sich gegen ihre Pathologien durchzusetzen und im Widerstreit mit ihnen zur Wirklichkeit zu kommen vermag. Vernunft verwirklicht sich über die Negation ihres Gegenteils. Sie behauptet ihre Wirklichkeit in Abwehr einer Gegenkraft, durch die sie aufgelöst zu werden droht. Es kommt Adorno also darauf an, die Wirklichkeit der Vernunft vor dem Hintergrund der sie bedrohenden Zersetzung zu begreifen. Sie kommt zur Wirklichkeit nur durch die Einhegung ihrer Pathologien, oder anders ausgedrückt, indem es also gelingt, die ihr widerstreitende Kraft des Negativen zu begrenzen, zu überwältigen.

Freilich wirft der Negativismus die Frage auf, warum der lange Weg über die Diagnose der Pathologien nun kein Umweg ist, sondern direkt zum Ziel führt. Klarheit über das sachliche Motiv des dialektischen Negativismus gewinnen wir am besten, indem wir zunächst klären, was er nicht bedeutet. Sechs Deutungen des Negativismus sind voneinander zu unterscheiden: Die *normative* Lesart deutet den Negativismus fehl. Der *entwicklungstheoretische*, *bewusstseinstheoretische*, *anthropologische* und *diagnostische Negativismus* sind unspezifische Deutungen, die nicht der dialektischen Philosophie vorbehalten sind. Nur der *dialektische Negativismus* macht die unverwechselbare Besonderheit der Dialektik aus.

(1.) Die normative Fehldeutung: In der normativen Fehldeutung wird die Differenz zwischen normativer und ätiologischer Problemstellung[43] eingeebnet und übersehen, dass der Negativismus ein Lösungsvorschlag allein für Letztere ist. Der Negativismus wird missverstanden, wollte man ihn normativ

43 Siehe S. 35.

deuten und behaupten, dass die Normverletzung (das Nichtseinsollende) eine Voraussetzung für die normative Geltung (das Seinsollende) sei; als sei eine Norm schützenswert deshalb, weil sie verletzt werden kann. Vielmehr ist richtig, dass Ansprüche nur insofern verletzt werden können, als sie auch tatsächlich schützenwert sind. Mit dem Negativismus wird also keineswegs behauptet, Empörung, Kritik und Mitleid seien ein Erstes und gingen den Normen voraus. Die Begründung dafür, weshalb Ansprüche Schutz verdienen, kommt ohne den Gedanken der Normverletzung aus. Umgekehrt wird für die Bestimmung einer Normverletzung, wie schon der Begriff selbst zeigt, eine Norm vorausgesetzt. Vom logischen Standpunkt aus betrachtet kommt zuerst der positive Begriff des Anspruchs und erst anschließend der negative Begriff der Verletzung. Weil Personen Ansprüche erheben dürfen, verdienen sie Schutz vor Verletzungen; nicht aber umgekehrt.

(2.) Entwicklungstheoretischer Negativismus: Die entwicklungstheoretische Lesart hebt die produktive Rolle hervor, die negative Erfahrungen für die Entwicklung der Erkenntnis- und Handlungsfähigkeit spielen. Die ›Trial and Error‹-Methode etwa nutzt das Erkenntnispotential von Irrtümern. Jeder Irrtum, der als ein solcher erkannt wird, stellt trotz allem eine Einsicht dar, denn er ermöglicht es, dass falsche Deutungen zunehmend ausgeschlossen werden. Ebenso können Krisen eine produktive Kraft ausüben, wenn man beispielsweise aus Rückschlägen lernt. Wer über Stolpersteine stürzt, dann aber alle Kräfte sammelt, um wieder aufzustehen, kann aus Krisen gestärkt hervorgehen. Durch die Bewältigung von Willensschwäche beispielsweise verwächst, wie Aristoteles es ausdrückt, der Mensch mit dem Wissen.[44] Vom Topos »durch Leiden lernen«

44 Aristoteles, *Nikomachische Ethik*, übers. und hrsg. von Gernot Krapinger, Stuttgart 2017, S. 180, 1147a 23–24.

(*pathei mathos / πάθει μάθος*)[45] über die Alltagsweisheit »Aus Schaden wird man klug« bis zur Maxime »Gegenwind formt den Charakter« reichen die Aussagen über Lernprozesse, denen negative Erfahrungen einen Schub verleihen.

Auch können Unrechtserfahrungen einen moralischen, politischen und rechtlichen Fortschritt mobilisieren.[46] Ein bekanntes Beispiel für diese Integration durch Krisen ist der menschenrechtliche Institutionalisierungsprozess in der zweiten Hälfte des 20. Jahrhunderts.[47] Entsprechend sind die Gründungsakte der *Vereinten Nationen* von 1945 und die *Allgemeine Erklärung der Menschenrechte* von 1948 aus einer geschichtlichen Unrechtserfahrung hervorgegangen, die als Verletzung einer unbedingt schützenswerten Würde des Menschen gedeutet wird. Angesichts der Unrechtserfahrungen in der Nazi-, Kriegs- und Kolonisationszeit rückt die Idee der Menschenwürde zunehmend ins Zentrum der völkerrechtlichen, nationalstaatlichen und zivilgesellschaftlichen Neuordnungen.

(3.) Bewusstseinstheoretischer Negativismus: Negative Erfahrungen können ein erstrebenswertes Ziel bewusst machen, das ansonsten unter seiner Selbstverständlichkeit verdeckt bleibt. Demnach ist »das Falsche [...] Index des Richtigen, Besseren.«[48] Die »vollendete Negativität, einmal ganz ins Auge

45 Aischylos, *Agamemnon*, V. 177.

46 Die negative Grundoperation, die eine rechtliche Ausdifferenzierung vorantreibt, wird untersucht in Christoph Möllers, *Die Möglichkeit der Normen. Über eine Praxis jenseits von Moralität und Kausalität*, Berlin 2015.

47 Der Menschenrechtsdiskurs wird als eine Balance zwischen nationalen Partikularinteressen und völkerrechtlichem Würdeschutz nachgezeichnet in Samuel Moyn, *The Last Utopia. Human Rights in History*, Cambridge/London 2010.

48 GS 10/2: 793.

gefaßt«, schieße »zur Spiegelschrift ihres Gegenteils zusammen.«[49]

Dieser Bewusstseinsprozess wird in der erstpersonalen Handlungsperspektive (also aus der Sicht des Ich oder des Wir) gemacht und vollzieht sich in zwei Schritten: Erstens kommt es darauf an, dass das Negative *als* Negatives wahrgenommen wird. »Leiden beredt werden zu lassen, ist die Bedingung aller Wahrheit.«[50] Ein genaues Bewusstsein darüber, was ein gutes Leben ausmacht, ist zumeist das Ergebnis eines langwierigen Reflexionsprozesses. Hingegen können Betroffene unmittelbar, ohne Erkenntnisaufwand wissen, dass und welches Unrecht ihnen zustößt:

> »Wir mögen nicht wissen, was das absolute Gute, was die absolute Norm, ja auch nur, was der Mensch oder das Menschliche und die Humanität sei, aber was das Unmenschliche ist, das wissen wir sehr genau.«[51]

Adorno untersucht vor allem den Sachverhalt, dass ein Unrecht von den Betroffenen zunächst nicht als solches wahrgenommen wird. Im Fall dieser Entfremdung (zu ihr später mehr)[52] muss das Unrecht als ein solches erst erschlossen werden.

Der zweite Schritt besteht darin, dass das Unrecht, indem es als solches wahrgenommen wird, gleichzeitig auf eine Norm verweist, die mit ihm verletzt wird. Mit der Bewusstmachung des Negativen kann, muss jedoch nicht der Wille ausgebildet werden, das Negative zu überwinden: »Das leibhafte Moment

49 GS 4: 283.
50 GS 6: 29.
51 V 10: 261; vgl. GS 4: 256; V 15: 25.
52 Vgl. S. 91.

[des Leidens] meldet der Erkenntnis an, daß Leiden nicht sein, daß es anders werden solle.«[53] Die Norm wird demnach aus der erstpersonalen Perspektive als das Andere des Unrechts erschlossen, d. h. als der Zustand, in dem das Unrecht aufgehoben ist. Die Norm erschließt sich nicht in ihrer begrifflichen Bestimmtheit, sondern sozusagen als eine ›versprengte Spur‹, die aufzunehmen erst der Beginn ihrer begrifflichen Bestimmung ist: »Bewußtsein könnte gar nicht über das Grau verzweifeln, hegte es nicht den Begriff von einer verschiedenen Farbe, deren versprengte Spur im negativen Ganzen nicht fehlt.«[54] Schmerzen, Leiden und Verzweiflung bergen eine Erschließungskraft in sich, indem sie den Wunsch nach ihrer Überwindung mobilisieren und damit ein erstrebenswertes Ziel überhaupt erst bewusstmachen können. Sie können den Betroffenen mit einer nun enttäuschten Erwartungshaltung konfrontieren, die ihm bisher unbewusst war. Erstrebenswerte Ziele müssen nicht, können sich jedoch als solche, die wir je schon haben, desto nachdrücklicher dann zeigen, wenn ihre Verwirklichung dauerhaft verhindert wird. So kann ein Schwerkranker veranlasst durch die Krankheit beginnen, Gesundheit wertzuschätzen, die ihm zuvor selbstverständlich erschien bzw. als solche gar nicht bemerkt wurde. Auch drängt sich das Bedürfnis nach Kreativität als ein Bedürfnis zuvörderst in Erfahrungen erzwungener Untätigkeit (Arbeitslosigkeit, Langeweile) oder stumpfsinniger Tätigkeiten (Fließbandarbeit, Call-Center-Jobs) auf. Und schließlich kann soziale Anerkennung als ein Ziel zumal in Erfahrungen der Missachtung, in denen Anerkennung vorenthalten wird, ausdrücklich werden.

(4.) Anthropologischer Negativismus: Diese Form des Negativismus baut auf einer bestimmten Theorie vom guten Leben

53 GS 6: 203.
54 GS 6: 370.

auf. Demzufolge setzt sich das gute Leben aus den drei Bestandteilen des selbstbestimmten, des erfüllten und des gelingenden Lebens zusammen. Diese Spielart des Negativismus betrifft allein das gelingende Leben und geht von der Annahme aus, dass das Gelingen menschlichen Lebens im richtigen Umgang mit Negativitäten liegt. »Die Stellung des Gedankens zum Glück wäre die Negation eines jeglichen falschen.«[55] Ein gutes Leben hängt mitunter davon ab, ob es gelingt, mit Negativitäten wie dem Tod zurechtzukommen. Das Gelingen menschlichen Lebens besteht also im richtigen Umgang mit Negativitäten, das erfüllte Leben hingegen in der Erfüllung von Lebenszielen.

Obwohl beide für ein gutes Leben unverzichtbar sind, sind sie grundverschieden und strikt voneinander zu unterscheiden: Das Gelingen lässt sich mit der Erfüllung von Lebenszielen nicht verrechnen. Zwar bestimmt sich das gute Leben wesentlich aus den Zielen, die das Leben lohnenswert machen, wie beispielsweise Gesundheit, Freundschaft und Kreativität. Zum guten Leben gehört aber ebenso die Fähigkeit, mit Übeln zurechtzukommen.

Der richtige Umgang mit Übeln wie dem Tod ist grundverschieden vom Streben nach Zielen wie Gesundheit und Freundschaft. Das gute Leben erschöpft sich deshalb nicht im Verfolgen von Zielen. Adornos Theorie des Todes ist hierfür zentral.[56] Der richtige Umgang mit dem Tod hat keine teleologische Struktur, da hier kein positives Ziel verfolgt wird, so wie man im Leben die Ziele Gesundheit, Freundschaft und Kreativität erstrebt. Gesundheit beispielsweise ist ein Ziel, das im Leben verwirklicht werden kann. Auch in Krankheitsfällen bleibt sie ein Ziel, solange diese Krankheiten nicht tödlich verlaufen.

55 GS 6: 347.
56 Siehe S. 134 ff.

Der Tod ist hingegen deshalb ein Übel, weil er die Fortexistenz beendet. Diese Fortexistenz ist aber kein Ziel. Denn nach einem Ziel kann man vernünftigerweise nur dann streben, wenn sein Erreichen möglich erscheint. Die Überwindung des Todes ist aber ausgeschlossen. Deshalb erschöpft sich das gute Leben im Hinblick auf seine Vergänglichkeit nicht darin, ein Ziel zu verfolgen. Vielmehr setzt es auch den richtigen Umgang mit dem Tod voraus. Ebenso wenig ist Sinn ein Ziel, das im Leben verwirklicht wird.[57] Deshalb hängt das gute Leben auch vom richtigen Umgang mit Sinnentzug ab.

(5.) Diagnostischer Negativismus: Normative Theorien setzen eine Diagnose der Normverletzungen voraus. Denn jeweils entsprechend der Diagnose, ob sich die Normverletzung als ein Mangel oder als ein Widerspruch erklären lässt, entscheidet sich, ob die Verwirklichung der Vernunft als Identität oder als Dialektik begriffen werden muss. Eine Diagnose des Negativen wird also vorausgesetzt, damit die Theoriealternativen beurteilt werden können. Geht man von der privationstheoretischen Diagnose des Mangels aus, reicht eine Identitätsphilosophie aus. Die widerspruchstheoretische Diagnose führt hingegen zum dialektischen Vernunftbegriff. Ein angemessener Begriff der Vernunft bemisst sich mitunter an der Leistungsfähigkeit, die ihr von der Verneinung der jeweiligen Pathologien abverlangt wird. Er setzt eine Diagnose der jeweiligen Art von Pathologie voraus, die zu vermeiden er in der Lage sein muss. Im Kontrast zu welchen Pathologien muss das Vernunftvermögen verwirklicht werden können? Wird es durch Überwindung eines Mangels oder im Widerstreit mit einer Gegenkraft verwirklicht? Ist Letzteres der Fall, dann bedarf es einer Diagnose der Pathologien, die deren Freiheit zu erfassen vermag. Diese kommen als Gleichgültigkeit und Selbsttäuschung zur

57 Siehe S. 134 f.

Erscheinung.[58] Dialektische Philosophie setzt also eine Diagnose von Gleichgültigkeit und Selbsttäuschung voraus.

(6.) Dialektischer Negativismus: Das Erfordernis, den Begriff der Vernunft von ihren Pathologien her zu bestimmen, erklärt sich aus dem widerspruchstheoretischen Merkmal der Pathologien, eine eigenständige Größe zu bilden. Wenn Pathologien nicht nur ein Mangel der Vernunft, sondern eine ihr gegenüber selbstständige Gegenkraft sind, dann ist für die Beantwortung der Frage, wie Vernunft zu ihrer Verwirklichung kommt, eine Erklärung vonnöten, ob und, falls ja, warum sie sich gegen ihre Pathologien durchzusetzen vermag. Es muss also bestimmt werden, was der Vernunft im Widerstreit mit ihren Pathologien zum Durchbruch verhilft.

Vernunft verdankt nun ihre Wirklichkeit der Kraft, im Konflikt mit Pathologien die Oberhand zu gewinnen. Der Vernunftbegriff schließt deshalb ein Verständnis dessen ein, was es ist, das dazu befähigt, Pathologien auszuhebeln, und das somit Raum für rationale Einstellungen schafft. Die Bestimmung des Positiven (Vernunft) setzt somit eine Erklärung darüber voraus, wie es gelingt, das Negative (ihre Pathologien) zu verneinen. Vernunft verwirklicht sich durch die »unbeirrte Negation«[59] ihres Gegenteils. Dabei konkretisiert sich diese Negation auch als »Widerstand«[60] gegen Unrecht. Dieser Negativismus hat die Struktur einer doppelten Negation und stellt eine Eigenart der dialektischen Philosophie dar. Er entfällt für die Identitätsphilosophie, der zufolge die Vernunft sich durch sich selbst verwirklicht; denn damit erklärt sich ihre Verwirklichung nahtlos mit der Erfüllung ihrer Wirklichkeitsbedingungen.

58 Siehe dazu S. 86–106.

59 GS 6: 162.

60 GS 6: 31; V 10: 13, 18 f., 249.

2.3 *Kritik*

Der dialektische Negativismus konkretisiert sich in der Praxis als Kritik. Schier unerschöpflich ist die Vielfalt an Spielarten, Anwendungsfeldern und Zielrichtungen der Kritik. Adorno beschränkt sich indessen auf eine bestimmte Form der Kritik. »[D]ie beiden Termini Kritische Theorie und Negative Dialektik bezeichnen das gleiche.«[61] Adornos Konzept von Kritik lässt sich deshalb ohne das Konzept der Dialektik nicht verstehen, leitet sich jene doch aus diesem her.

Adornos engerer Kritikbegriff ergibt sich aus dem dialektischen Negativismus. Der dialektische Negativismus muss erklären können, wie es gelingt, Pathologien der Vernunft auszuhebeln und an deren Stelle rationale Einstellungen treten zu lassen. Dieser Anspruch wird von Kritik erfüllt. Ihre Bedeutung für die Kritische Theorie erschöpft sich demnach nicht in der Binsenweisheit, dass Kritik für Politik, Moral und Wissenschaft wichtig sei. Normative Forderungen berechtigen stets dazu, dass eine Zustimmung zu ihnen erwartet und ihre Missachtung kritisiert werden darf. Ebenso wenig geht Kritik in der identitätsphilosophischen Aufgabe auf, den Mangel an Wirklichkeitsbedingungen zu beanstanden, der eine Vernunftausübung blockiert. Ihre Funktion erschöpft sich deshalb nicht in der Beanstandung von fehlenden Rechtsgarantien, mangelnden Bildungsinstitutionen und ausbleibender Chancengleichheit. Sie verdankt ihren namensgebenden Stellenwert für die Kritische Theorie vielmehr dem dialektischen Negativismus, entsprechend dem sich Vernunft durch die Verneinung ihrer Gegenkraft verwirklicht, nämlich durch die Verneinung der Pathologien, die sich nicht als Mangel erklären lassen.[62] Kritik

61 V 16: 36 f.

62 Bereits Horkheimer betont in seiner Programmschrift der Kriti-

richtet sich hier also gegen Pathologien, in denen man sich ohne Zwang oder Not von der Vernunftausübung entlastet. Die Kritik gilt zwar mittelbar auch den sozioökonomischen Rahmenbedingungen, die je nach Ausgestaltung diese Entlastung entweder befördern oder erschweren. Unmittelbar richtet sie sich aber gegen die Entlastung selbst, denn »Leiden beredt werden zu lassen, ist die Bedingung aller Wahrheit.«[63] Voraussetzung für eine unverstellte Sicht der Dinge ist eine Kritik, deren Durchschlagkraft die Gleichgültigkeit gegenüber einem Leiden, das man nicht sehen will, aufbricht. Vernunft verwirklicht sich durch Kritik, die imstande ist, Gleichgültigkeit und Selbsttäuschung auszuhebeln und in rationale Einstellungen zu überführen. Vernunft nimmt somit die Gestalt von Kritik an. »Wenig übertreibt, wer den neuzeitlichen Begriff der Vernunft mit Kritik gleichsetzt.«[64] Vernunft verwirklicht sich mitunter als Kritik ihrer Pathologien. Kritik gelingt dabei unter drei Bedingungen, nämlich der machttheoretischen (1.), der erfahrungstheoretischen (2.) und der materialistischen (3.) Bedingung.

(1.) Macht: Der dialektische Negativismus setzt voraus, dass sich Vernunft entweder als Macht, Kraft oder Gewalt manifestiert, denn Dialektik hat »ihren Erfahrungsgehalt nicht am Prinzip, sondern am Widerstand des Anderen gegen die Identität; daher ihre Gewalt«[65]. Im Widerstreit mit einer eigenständigen Gegenkraft muss die Vernunft ihren Vorrang in der

schen Theorie die »negative Formulierung«, der zufolge es weniger um die Verwirklichung eines normativen Anspruchs als »die Aufhebung des gesellschaftlichen Unrechts« geht, vgl. Max Horkheimer, »Traditionelle und kritische Theorie«, in: M. H., *Gesammelte Schriften*, Bd. 4, Frankfurt a. M. 1988, S. 216.

63 GS 6: 29.

64 GS 10/2: 785 f.

65 GS 6: 163.

Wirklichkeit erringen. Zu solchem ist sie als rationalisierende Kraft in der Lage, die Wahrnehmungsverweigerungen, Immunisierungsstrategien und Realitätsleugnungen aushebelt und an ihre Stelle eine unverzerrte Sicht der Dinge treten lässt. Für Adornos Machttheorie der Vernunft steht wiederum Hegel Pate. Vernunft wird in der *Phänomenologie des Geistes* als die ›Kraft des Geistes‹, die ›Macht‹ oder gar ›Gewalt der Vernunft‹ beschrieben, die in einem konflikthaften Prozess das Negative zu überwältigen vermag.

Aus dem machttheoretischen Ansatz leitet Adorno sein Konzept der immanenten und transzendenten Kritik ab. Immanente Kritik erfüllt eine Begründungsfunktion, indem sie ihren Gegenstand an dessen eigenem Begriff misst.[66] So wird etwa das identitätsphilosophische Vernunftverständnis daraufhin beurteilt, ob es dem Begriff der Vernunft gerecht wird. Das immanente Verfahren dient dazu, einen bestimmten Standard der Rechtfertigung zu erfüllen. Kritik muss sich gegenüber ihren Adressaten rechtfertigen lassen. Adressaten der Kritik müssen deshalb den Maßstab der Kritik anerkennen können. Er wird dadurch anerkannt, dass er sich mit dem eigenen Anspruch deckt. Sofern sich jemand als rationale Person versteht, muss er sich am Begriff der Vernunft messen lassen. Der Begriff der Vernunft wiederum hält dann der Prüfung stand, wenn er unter anderem erklären kann, wie es zu seiner Verwirklichung kommt.

Immanente Kritik wird laut Adorno durch transzendente Kritik ergänzt. Die Identität immanent zu kritisieren bedeutet »auch, sie von außen kritisieren«[67]:

66 Einschlägige Positionen zur Theorie der immanenten Kritik werden erörtert in Rahel Jaeggi, *Kritik von Lebensformen*, Berlin 2014, S. 277–320.

67 GS 6: 149.

> »Ganz ohne Wissen von außen [...] ist keine immanente Kritik fähig zu ihrem Zweck. [...] Es bedarf eines Anstoßes von außen [...]. Immanente Kritik hat ihre Grenzen daran, daß schließlich das Gesetz des Immanenzzusammenhanges eins ist mit der Verblendung, die zu durchschlagen wäre. Aber dieser Augenblick, wahrhaft erst der qualitative Sprung, stellt einzig im Vollzug der immanenten Dialektik sich ein, die den Zug hat, sich zu transzendieren.«[68]

Der ›Anstoß von außen‹ soll also die Verblendung ›durchschlagen.‹ Diese Durchschlagskraft muss in der Lage sein, sich gegen ihre Abwehr durchzusetzen. Transzendente Kritik wird gegen die Entlastungsabsichten ihres Adressaten in Anschlag gebracht und kommt dem Adressaten von außen entgegen. Sie manifestiert sich also als jene Macht, die eine Gegenkraft aushebelt.

Damit Kritik wirksam wird und ihren Adressaten auch erreicht, müssen sich die immanente und transzendente Stoßrichtung miteinander verbinden. Einerseits muss der Adressat ihr zustimmen können, indem sie sich in einer Rechtfertigungsperspektive argumentativ bewährt. Andererseits muss sie die Wahrnehmungsverweigerungen, Immunisierungsstrategien und Realitätsleugnungen aufbrechen und sich gegen die verhärteten Einstellungen des Adressaten durchsetzen: Sie muss eine Macht entfalten, die den Adressaten überwältigt und bezwingt. Dies gelingt jedoch nicht dadurch, dass Argumente vorgerechnet werden oder man laut wird. Damit jemand für Gründe, Erfahrungen und Einwände zugänglich wird, bedarf es einer autonomen Form der Kritik, die, nur scheinbar paradox, kraft ihrer Zurückhaltung eine Empfänglichkeit für sie miterzeugt.[69]

(2.) Erfahrung: Kritik bewirkt bei ihrem Adressaten, sollte sie

68 GS 6: 183.
69 Siehe dazu Kap. IV.

ihn denn erreichen, Erfahrung. Kritik, die sich gegen jemandes Einstellungen durchsetzt, stößt als Erfahrung zu. Indem sie sich gegen seine Einstellungen geltend machen kann, kommt sie als Erfahrung über ihn. Erfahrungen stoßen zu, überwältigen, überfallen; ohne zu wissen, wie einem geschieht, wird man von ihnen umgeworfen, heimgesucht und gepackt.

Adorno betont diesen passivischen Widerfahrnischarakter, indem er die ›geistige Erfahrung‹ zugleich als ›leibliche Erfahrung‹ beschreibt. Als geistige Erfahrung stößt sie Nachdenklichkeit an. Als leibliche Erfahrung macht sie sich mit geradezu körperlicher Wucht geltend, die allen absichtsvollen Einstellungen zuvorkommt.

(3.) Materialismus: Adorno vertritt eine materialistische Theorie der Vernunft. Er führt sie unter den Bezeichnungen ›materialistische Dialektik‹ und ›Vorrang des Objekts‹ aus. Dies meint, dass die Vernunft ihren Ort nicht im Ich, sondern in der Welt hat, oder anders ausgedrückt: nicht im ›subjektiven‹, sondern im ›objektiven Geist‹ (nach Hegel). Vernunft ist nicht (darin liegt die idealismuskritische Stoßrichtung des Materialismus) in einem Selbstverhältnis, sondern in der Weltbeziehung verankert. Vernunft wird von Praktiken und Gegenständen der Welt verkörpert, die rationale Einstellungen erzeugen. Rationale Einstellungen werden durch Kräfte mobilisiert, die sich laut Adorno insbesondere in den materiellen Werken der Kunst objektivieren. Er führt diese materialistische Dialektik als die »der Kunst immanente Dialektik von Rationalität und Mimesis«[70] aus. Über ihn hinausgehend wären die materiellen Werke der Kunst um die Gebilde und Praktiken der Kultur und Kommunikation zu ergänzen.[71]

70 GS 7: 86.

71 Tilo Wesche, *Wahrheit und Werturteil. Eine Theorie der praktischen Rationalität*, Tübingen 2011, Kap. 6.

Adornos Materialismus wird dadurch motiviert, dass sich die Macht der Vernunft nicht anders als in einer Weltbeziehung manifestieren kann. Denn sie kann nicht aus Personen entspringen, die sich zugleich von einer Vernunftausübung entlasten. Oder anders ausgedrückt: Man kann nicht Urheber einer Wahrnehmungsverweigerung und gleichzeitig deren Kritiker sein. Es wäre ein schlichter Selbstwiderspruch, sollten Personen rational und zugleich irrational sein können.

Es bleibt also einzig der Ausweg, dass die Macht der Vernunft außerhalb der Person, also in einer Weltbeziehung verankert ist. Die Freiheit zur Entlastung liegt im Subjekt. Die Macht der Vernunft verschafft sich wiederum gegen das Subjekt Geltung. Sie liegt außerhalb des Subjekts und kommt ihm als Weltbeziehung entgegen. Adornos Dialektik zieht also eine bestimmte Form des Materialismus nach sich, dem zufolge die Macht der Vernunft aus Quellen entspringt, die der Realität innewohnen.

2.4 *Das Nichtidentische*

Negative Dialektik erreicht durch den Gedanken des Nichtidentischen ihr Ziel. »Dialektik ist das konsequente Bewusstsein von Nichtidentität«.[72] Adornos Begriff des Nichtidentischen oder, wie es gelegentlich heißt, des »Nichtbegrifflichen« bezeichnet zunächst eine Gegenposition zur Identitätsphilosophie. Identitätsdenken ist laut Adorno das gemeinsame Merkmal der Philosophie von Aristoteles, Kant und (dazu gleich mehr) der spekulativen Philosophie Hegels. Vertreter der Identitätsphilosophie gehen von der Annahme aus, dass zwischen der Möglichkeit und Wirklichkeit der Vernunft eine Identität besteht. Dabei liefert die Identität den Grund

72 GS 6: 17; vgl. 24.

dafür, warum es notwendigerweise zur Vernunftausübung kommt.[73]

Adorno hingegen vertritt die Auffassung, dass die Vernunftausübung aus einem Akt der Freiheit hervorgeht. Ähnlich, wie man sich ohne Not oder Zwang von ihr entlasten kann, vermag man sich aus freien Stücken zu ihr entschließen. Ihre Ausübung ist das Ergebnis eines Willens oder »eines Mehr an Subjekt«[74]. Es liegt letztlich in der eigenen Hand, ob man sich für Gründe verschließt oder öffnet.

Adornos Materialismus macht indes deutlich, dass seine Theorie der Freiheit nicht in einen Voluntarismus mündet, also nicht allein vom Willen des Einzelnen abhängig ist. Es ist keineswegs bloß der Absicht überlassen, ob man sich vernünftig verhält oder nicht. Freiheit bedeutet nicht die voluntaristische Willkürfreiheit, zwischen Vernunft und ihren Pathologien zu wählen. Jeder Voluntarismus würde der Beliebigkeit Tür und Tor öffnen. Denn je nach Belieben wäre es möglich, sich an Wahrheit zu orientieren oder sich mit einfachen Antworten zu begnügen.

Der Beliebigkeit wird durch den Materialismus nun ein Riegel vorgeschoben. Die Freiheit hängt nicht in der Luft, sondern ist in materiellen Praktiken eingebettet. Diese verhelfen rationalen Einstellungen zumal gegen die Absicht der Entlastung zum Durchbruch. Die Adressaten der Kritik werden gegebenenfalls auch im Widerstreit mit ihrem Willen zur Entlastung für Gründe zugänglich gemacht: Hierin klingt der Machtcharakter der Vernunft an.

Der Materialismus ist wiederum eine notwendige, aber keine allein hinreichende Bedingung für die Ausübung von Vernunft. Letztlich hängt es auch von der freien Entscheidung ab,

73 Siehe S. 62 f.

74 GS 6: 50.

ob man sich für materielle Praktiken öffnet, die zu rationalen Einstellungen befähigen. Weder der freie Wille noch materielle Praktiken können jeweils allein rationale Einstellungen mobilisieren. Es bedarf vielmehr ihres Zusammenspiels. Die materiellen Praktiken befähigen zu rationalen Einstellungen nur dann, wenn mit ihnen die Bereitschaft korrespondiert, sich auf die rationalen Einstellungen einzulassen. Aufgrund dieser Freiheit erfolgt der Übergang von der Möglichkeit zur Wirklichkeit von Vernunft nicht aus Notwendigkeit, sondern mit Kontingenz. Diese Kontingenz ist jedoch vom Zufall des Voluntarismus ebenso weit entfernt wie von der Notwendigkeit eines Gesetzes. Sie erhebt sich »über die partikularen Kategorien Gesetz und Zufall«[75]. Die Kontingenz widersetzt sich einer gesicherten Erkenntnis, ob Vernunft zur Wirklichkeit kommt. Es bleibt ein Rest von Kontingenz, der sich durch keine Erklärung aus der Welt schaffen lässt. Für eine solche Kontingenz steht Adornos Begriff des Nichtidentischen ein. Dieser ist ein Platzhalter für den kontingenten Grund der Vernunftausübung.

Laut Adorno gibt es keine gesicherte Erkenntnis darüber, dass, selbst bei günstigen Umständen, rationale Einstellungen sich tatsächlich auch durchsetzen werden. An die Stelle fehlender Erkenntnis tritt bei ihm das begründete Hoffen. Es darf allenfalls gehofft werden, dass sich Vernunft verwirklicht.[76] Damit weicht der Begriff der Identität einem Begriff der »Versöhnung«[77].

»Philosophie, wie sie im Angesicht der Verzweiflung einzig noch zu verantworten ist, wäre der Versuch, alle Dinge so zu

75 GS 6: 236.
76 Zu Adornos Begriff der Hoffnung vgl. S. 187–204.
77 GS 6: 18, 31, 148 f.

betrachten, wie sie vom Standpunkt der Erlösung aus sich darstellen.«[78]

Die Vernunftwirklichkeit lässt sich also nicht als Identität mit ihrer Möglichkeit, sondern als die Versöhnung zwischen ihr und ihrer Gegenkraft begreifen. Der Widerstreit zwischen Vernunft und ihren Pathologien wird mit ihrer Versöhnung aufgehoben. Er verfestigt sich nicht zu einem unversöhnlichen Dualismus, nach dem der Widerstreit ins Unendliche fortdauert. Vielmehr besteht begründete Hoffnung darauf, dass sie miteinander versöhnt werden.

Dialektik selbst würde in diesem Zustand aufgehoben sein,[79] allerdings nicht im Sinne von Hegels spekulativer Philosophie, in der die doppelte Negation zu einem Positiven führt. »Auch im Äußersten ist Negation der Negation keine Positivität«[80], so Adorno. Hegel versteht Dialektik als Durchgangsstadium und überführt sie in das »*Spekulative* oder *Positiv-Vernünftige*«[81]. Geht es in der Dialektik um die Anerkennung des Negativen als Widerspruch, so soll in der spekulativen Wissenschaft die Vernunft als Wirklichkeit, als Positives bewiesen werden. Im Adorno'schen Titel *Negative Dialektik* bringen sich somit Tradierung und Rebellion gleichermaßen zum Ausdruck. Zwar beerbt Adorno Hegels dialektischen Negativismus. Mit dem Konzept des ›Nichtidentischen‹ kündigt er jedoch die Gefolgschaft wieder auf. In Abgrenzung zu Hegels spekulativer Identitätsphilosophie erkennt Adorno die Kontingenz der Vernunft an und damit

78 GS 4: 283.
79 GS 6: 397.
80 GS 6: 385; vgl. 9, 27, 145, 161; V 14: 221.
81 G. W. F. Hegel, *Enzyklopädie der philosophischen Wissenschaften*, Erster Teil, Frankfurt a. M. 1986, S. 176 (§ 82).

Dialektik als eine solche, die sich in Identität nicht überführen lässt.

Kontingenz, Hoffen, Versöhnung – das sind freilich keine Wunschergebnisse. Sie sind jedoch der Preis dafür, das Negative anzuerkennen. Philosophische Theorien müssen sich dem Praxistest unterziehen und sich der Frage stellen, ob sie für die Praxis taugen und deren Komplexität gerecht werden. Die Stärke der Dialektik besteht nun darin, dass sie Widersprüche beschreiben kann, die von der Identitätsphilosophie bestritten werden müssen. Ihre Überzeugungskraft hängt auch von der diagnostischen Kraft ab, mehr Phänomene erklären und ein reicheres Bild von der Welt zeichnen zu können als andere Theorien. Mit der Beschreibung von Pathologien, die aus Freiheit hervorgehen, vermag sie ein illusionsloses und ernüchterndes Bild von der Welt zu geben. Anstatt Widersprüche, wie es Pathologien der Vernunft nun einmal sind, aus der Welt zu erklären, sollten Theorien auf sie Antworten finden.[82] Man könnte deshalb Adornos bescheidenes Ergebnis mit Bedauern zur Kenntnis nehmen. Die Alternative, dass man an einem beruhigenden Vernunftbegriff festhält, nur weil sonst die Argumente ausgehen, stellt jedoch keine Alternative dar.

Adornos Begriff des Nichtidentischen lässt sich in zwei Hinsichten weiter präzisieren, nämlich (1.) hinsichtlich einer negativen Anthropologie und (2.) der begrifflichen Form, die Adorno dem Nichtidentischen gibt.

(1.) Negative Anthropologie: Im Kontrast zur Identitätsphilosophie stellt Dialektik eine Theoriealternative dar, die auch als »negative Anthropologie« bezeichnet werden könnte.[83] Ihr zufolge lässt sich das, was Menschen von anderen Wesen unterscheidet, nicht in Kategorien der ›Natur‹ begreifen. Zwar ist

82 GS 6: 215; V 10: 21, 118.
83 GS 6: 11.

der Mensch ebenso wie andere Wesen an eine Natur gebunden, beispielsweise an die körperlichen Funktionen, die ohne willentliche Beeinflussung ausgeübt werden. Es existiert aber keine ihm *spezifische* Natur. Was Menschen vielmehr auszeichnet, ist ihre Freiheit, auf keine ihnen allein vorbehaltene Natur festgelegt zu sein.

Zum Umfeld der negativen Anthropologie gehören Kierkegaards Theorie der Verzweiflung (»Man steckt den Finger in die Erde, um zu riechen, in welch einem Lande man ist, ich stecke den Finger ins Dasein – es riecht nach nichts.«[84]), Nietzsches Bestimmung des Menschen als »das *noch nicht festgestellte Thier*«[85], Heideggers und Sartres Auffassung, dass die Essenz des Menschen aus seiner Existenz begriffen werden muss,[86] und Michel Foucaults Bild vom Verschwinden des Subjekts.[87]

Adorno stellt einen Zusammenhang zwischen negativer Anthropologie und Vernunftbegriff her. Menschen zeichnen sich durch ihre Vernunft und zugleich durch die Freiheit aus, sich von der Ausübung der Vernunft zu entlasten. Der Mensch ist mit einer solchen Ausübung nicht fest verdrahtet. Es fällt deutlich auf, dass Adorno das Identitätsdenken nicht mit den Begriffen der Differenz oder Freiheit einfach austauscht, sondern den Begriff des ›Nichtidentischen‹ verwendet. Damit verleiht er dem Sachverhalt Nachdruck, dass Differenz und Freiheit nicht als neue Natur an die Stelle der Identität treten, denn in der negativen Anthropologie nimmt nichts den Platz einer gattungsspezifischen Natur ein. Der negative Begriff des Nicht-

84 Sören Kierkegaard, *Die Wiederholung*, Gütersloh 1991, S. 70; siehe dazu Wesche, *Kierkegaard*, (s. Anm. 36).

85 Friedrich Nietzsche, *Jenseits von Gut und Böse*, Stuttgart 1988, S. 68.

86 Martin Heidegger, *Sein und Zeit*, Tübingen 1986, S. 42, Jean-Paul Sartre, »Ist der Existentialismus ein Humanismus?«, in: J.-P. S., *Drei Essays*, Frankfurt a. M. 1989, S. 7–36, hier S. 11.

87 Michel Foucault, *Die Ordnung der Dinge*, Frankfurt a. M. 1974, S. 462.

identischen trägt der negativen Anthropologie Rechnung, der zufolge sich die Vernunft als das, was den Menschen von der nichtmenschlichen Natur unterscheidet, nicht wiederum als zweite oder neue Natur des Menschen begreiflich machen lässt. Aufgrund ihrer Kontingenz im oben entwickelten Sinne unterscheidet sich die Vernunft von jeglicher Natur des Menschen.[88]

Adornos negative Anthropologie grenzt sich von den verschiedenen Spielarten des Naturalismus ab, die unter seine Bezeichnung Identitätsphilosophie fallen. Dem Naturalismus zufolge gehört die Vernunft zur menschlichen Natur. So streben Menschen laut Aristoteles ›von Natur aus‹ (*physei*) nach Erkenntnis.[89] Die Vernunftausübung sei, so sein berühmtes *Ergon*-Argument, ein Ziel (*telos*), nach dem der Mensch notwendig strebt.[90] Dieses Vernunftstreben macht die gattungsspezifische Natur des Menschen aus und kann nur durch ›ungünstige Umstände‹ blockiert werden.[91] Beispielsweise wird im Fall von Willensschwäche das Denken durch Leidenschaften beherrscht, die überfallartig zustoßen.[92] Aristoteles geht dabei von einer natürlichen Teleologie oder Zielgerichtetheit aus, nach der das menschliche Leben ein Ziel hat, das nicht zeitlich entstanden, sondern als Natur unmittelbar gegeben ist.

Ähnlich verhält es sich mit Kants Auffassung, dass der Mensch ›zur Vernunft begabt‹ sei und ein natürliches Inter-

88 Bowie hingegen deutet Adornos Philosophie als eine Variante des Naturalismus. Andrew Bowie, *Adorno and the Ends of Philosophy*, Cambridge 2013.

89 Aristoteles, *Metaphysik*, übers. und hrsg. von Franz F. Schwarz, Stuttgart 1970, S. 17, 980a 1.

90 Aristoteles, *Nikomachische Ethik*, (s. Anm. 43), S. 17 f., 1097b 22–1098a 20.

91 Ebd.

92 Ebd.

esse daran habe, seine Begabung auch auszuüben.[93] Eine, so Kant,

> »jede Verminderung der Hindernisse einer Tätigkeit ist Beförderung dieser Tätigkeit selbst. Die Anerkennung des moralischen Gesetzes aber ist das Bewußtsein einer Tätigkeit der praktischen Vernunft aus objektiven Gründen, die bloß darum nicht ihre Wirkung in Handlungen äußert, weil subjektive Ursachen (pathologische) sie hindern«[94].

Weil das Vernunftvermögen von Natur aus zu seiner Ausübung strebt, kann es nur durch äußere Ursachen an seiner Verwirklichung gehindert werden. Jede Art von Pathologie geht hier aus einer akzidentiell verursachten Verfehlung des inneren Ziels hervor, nach dem das Vernunftvermögen von Natur aus strebt.

Adorno führt seine Kritik des Naturalismus in Rückgriff auf Hegels Begriff der ›Unmittelbarkeit‹ genauer aus. Das Vernunftstreben ist nicht unmittelbar gegeben (es ist kein ›Erstes‹), sondern es stellt eine zeitabhängige Variable dar, die entstehen und vergehen kann: »Dialektische Vernunft [...] ist geworden und vergänglich«.[95] Die Ausübung der Vernunft ist kein festgestelltes Ziel. Vielmehr muss sie erst ein Ziel werden. Sie ist keine zeitlose Natur, sondern selbst ein Zeitliches. Mit der Darstellung des Entstehungsprozesses der Vernunft bleibt Adorno dem Programm von Hegels *Phänomenologie des Geistes* treu. Hegel stellt in diesem Werk die Genese der Vernunft,

93 Vgl. GS 6: 200. Siehe Immanuel Kant, *Anthropologie in pragmatischer Hinsicht*, Frankfurt a. M. 1964, S. 673.

94 Immanuel Kant, *Kritik der praktischen Vernunft*, hrsg. von Joachim Kopper, Stuttgart 1961, S. 119.

95 GS 6: 145, vgl. 58.

ihre Entstehungsgeschichte dar. Das Interesse an einer Ausübung von Vernunft bildet dabei nicht den Ausgangspunkt, sondern das Ergebnis einer Entwicklung. Sein endgültiger Standpunkt muss erst dem Widerstreit mit dem Negativen abgerungen werden. Die Entstehungsgeschichte der Vernunft wird dabei als die »*dialektische* Bewegung« beschrieben, in der die Vernunft zunehmend im Konflikt mit einer eigenständigen Gegenkraft die Oberhand gewinnt.[96]

Adornos negative Anthropologie setzt zudem die individuelle Freiheit wieder in ihr angestammtes Recht ein. Personen handeln nicht zwangsläufig als Exemplare einer Gattung, sondern als Individuen, denen es anheimgestellt ist, sich als Exemplare einer Gattung zu verstehen – oder nicht. Aus der Tatsache, dass sich die Gattung Mensch durch Vernunft auszeichnet, folgt mitnichten, dass Menschen nach der Vernunftausübung streben. Denn als Individuen haben sie die Freiheit, das gattungsspezifische Vermögen entweder auszuüben oder nicht auszuüben. Sie zeichnen sich also durch die Freiheit aus, sich von der Ausübung der Vernunft entlasten zu können.

(2.) Der ›Begriff‹ des Nichtidentischen: Adornos Gedanke des Nichtidentischen versucht nicht, den Mythos wiederzubeleben. Man muss rationale Einstellungen nicht auf gut Glück herbeiwünschen und es dem Schicksal überlassen, ob Gründe ernst genommen werden oder nicht. Die Vernunftwirklichkeit tritt zwar nur kontingenterweise ein; ihre Wirklichkeit verdankt sich jedoch nicht einer unerklärlichen Schicksalsmacht. Was den Begriff des Nichtidentischen vom Mythos unterscheidet, ist seine begriffliche Form. Mit dem ›Begriff‹ des Nichtidentischen wird beansprucht, dass die Entstehungsgeschichte der Vernunft auf eine rationale Weise nach-

96 Hegel, *Phänomenologie des Geistes*, (s. Anm. 38), S. 75; (s. a. GS 6: 42).

gezeichnet wird, die ihren kontrollierten Nachvollzug ermöglicht.

Der rationale Ausweis des Nichtidentischen wird von Adorno als eine Form der Dialektik bezeichnet, der zufolge über den Begriff hinausgegangen wird kraft des Begriffs.[97] Dialektik bedeutet demnach die Einheit von Gegensätzlichem: von Begriff und Nichtbegrifflichem, von Vernunft und Kontingenz. Negative Dialektik kommt ins Ziel mit einer *begrifflichen* Erkenntnis, weshalb die Vernunft im Widerstreit mit ihren Pathologien grundsätzlich realisiert werden kann.

Durch Begriffsarbeit wird dem Gedanken des Nichtidentischen sein Recht überhaupt erst verschafft. Nur dort, wo begriffliches Denken zum Äußersten getrieben wird, gelangt die Kontingenz als unauflöslicher Rest in den Blick. Für die begriffliche Kontrolle des Denkens bedarf es einer Theorie, die in der Lage ist, die materiellen Praktiken nachzuzeichnen, aus denen rationale Einstellungen hervorgehen können, wenn auch nicht müssen. Die kontingente Vernunft realisiert sich laut Adorno in Gestalt von Kunstwerken. Man kann sie deshalb durch eine ästhetische Theorie begreiflich machen, die die Bedingungen, unter denen das Kunstwerk gelingt, zu erklären vermag. In materialen Analysen des Kunstwerkes sind die Eigenschaften aufzuzeigen, denen die Kunst ihre Macht verdankt, Entlastungen aufzubrechen und rationale Einstellungen zu mobilisieren. Adornos ästhetische Theorie ist deshalb mehr als nur eine Kunstphilosophie: Sie holt den Begriff der Vernunft auf eine solche Art ein, dass ihrer kontingenten Wirklichkeit Rechnung getragen wird.

97 GS 6: 16, 21, 27, 62; GS 11: 121.

II. Ethik

Erst spät wurde Adornos Ethik die Aufmerksamkeit geschenkt, die sie eigentlich verdient. Für dieses Versäumnis ist vor allem ein Grund verantwortlich. Der berühmte Schlusssatz des 187. Aphorismus der *Minima Moralia*, der den Titel »Asyl für Obdachlose« trägt, lautet: »Es gibt kein richtiges Leben im falschen.«[1] Das ›richtige Leben‹ bezieht sich auf eine moralische Lebensform,[2] das ›falsche‹ auf eine kapitalistische Lebensform[3]. Demnach scheint es so zu sein, als ob es keine Moralität im Kapitalismus gebe. Der Eindruck erscheint also als berechtigt, dass Adorno der Moralphilosophie eine Absage erteilt.

Doch dieser Eindruck führt gleich zweifach in die Irre: Ins Leere geht erstens der Ideologieverdacht, dass die Annahme einer moralischen Geltung das Ergebnis eines interessegeleiteten Konstruktivismus sei. Moralische Gebote und Verbote seien demnach in Wahrheit eine Fiktion, die aus Gründen der Vorteilnahme aufrechterhalten werde. Moral müsse vielmehr als eine Ideologie der Herrschenden entlarvt werden, die deren Besitzstand zu sichern helfe. Da Adorno also Moral für entbehrlichen Mumpitz halte, gebe es naturgemäß bei ihm auch keine eigene Ethik. Dieser Lesart widerspricht der Textbefund. Warum sollte Adorno sonst ein Buch *Minima Moralia* nennen und »die Philosophie der Moral«[4] ein Bestandteil der negativen Dialektik sein?

Die zweite Fehldeutung stellt die Möglichkeit moralischer Praxis überhaupt in Frage und bestreitet, dass sich im Kapitalismus ein moralisches Leben führen ließe. Moralische Perso-

1 GS 4: 43.
2 V 10: 248.
3 Siehe dazu Kap. III.
4 GS 6: 10.

nen kennzeichnet die Freiheit, Handlungen ausüben oder unterlassen zu können. Freiheit ist die Voraussetzung dafür, dass Personen Verantwortung für ihre Handlungen zugeschrieben werden kann. Der Kapitalismus aber übe, so der Einwand, Zwänge aus, die solche Handlungsfreiheiten ausschlössen und deshalb verhinderten, dass Personen eine Verantwortung für ihre Handlungen zugemutet werden könnte. In dieser Lesart werden die gesellschaftlichen Zwänge jedoch zu einem unentrinnbaren Schicksal mystifiziert. Sie widerspricht damit Adornos eigener Kritik am Schein einer unerschütterlichen Gesellschaftsordnung. Mit seinen Verwertungszwängen erscheint der Kapitalismus zwar als Zweckzusammenhang, dem man nicht entkommen kann. Sein ›Verblendungszusammenhang‹ besteht indes darin, dass er eine unumstößliche Natur nur zu sein *scheint*, die er in Wahrheit nicht ist. Diese zweite Lesart fällt also selbst dem Verblendungszusammenhang zum Opfer.

Solchen Fehldeutungen entgeht die Doppelbödigkeit des Satzes: »Es gibt kein richtiges Leben im falschen.« Das Falsche schließt zwar das Richtige aus, setzt es aber zugleich voraus. Einerseits gibt es das Richtige im Falschen nicht; andererseits kann das Falsche nur das, was es ist, im Verhältnis zum Richtigen sein. Denn bevor man eine Lebensform als falsch beurteilt, bedarf es einer Vorstellung des Richtigen, an dem das Falsche gemessen wird. Adorno hat demnach durchaus einen Begriff der moralischen Lebensform zur Verfügung, in dessen Licht die kapitalistische Lebensform als falsch erkennbar wird. Es stellt sich also zunächst die Frage, was das richtige Leben vom falschen Leben unterscheidet. Was macht das moralische Leben aus, das es im Kapitalismus nicht gibt?

Adornos Moralphilosophie gelingt das Kunststück, der moralischen Autonomie ebenso wie den gesellschaftlichen Bedingungen gerecht zu werden, unter denen sie sich ausbildet.

Ethik und Ethikkritik gehen bei ihm Hand in Hand. Letztere richtet sich gegen ein Moralverständnis, das blind für die gesellschaftliche Bedingtheit moralischer Einstellungen ist. Bestimmte Gesellschaftsordnungen können die Ausübung der moralischen Urteilskraft jeweils entweder unterstützen oder erschweren. Beispielsweise bieten profitbasierte Gesellschaften mit hohen Eigentumskonzentrationen, so Adornos materiale Erkenntnistheorie, den Nährboden für Gleichgültigkeit. Gesellschaftsordnungen formen ihre jeweilige Moral immer schon mit und verdienen deshalb ein besonderes Interesse, das ihrem verdeckten Einfluss auf die moralische Urteilsbildung gerecht wird. Gesellschaftstheorie macht bei Adorno deshalb nur die halbe Wahrheit aus; die andere Hälfte ist die der Ethik.

Zwar wäre es zu hoch gegriffen, wollte man bei Adorno von einer ausgefeilten Moralphilosophie sprechen, wie es bei Aristoteles, Hume, Kant oder Mill der Fall ist. Dennoch sind seine Einsichten für eine desillusionierte und ernüchterte Moralphilosophie äußerst fruchtbar. Er denkt die Ethik von ihren Problemen her, die sich an ihren Reibungsflächen mit der Gesellschaftstheorie entzünden. Ausführlich werden sie in seiner Vorlesung über *Probleme der Moralphilosophie* von 1963 behandelt (1.). Als das Grundproblem der Ethik betrachtet Adorno das Freiheitsproblem. Es stellt sich die Frage, wie sich der Widerspruch zwischen Freiheit und Notwendigkeit meistern lässt. In Kants Ethik wurde, so Adorno, zwar das Freiheitsproblem in aller Schärfe beschrieben, aber nicht gelöst.[5] Kant soll nun mit seinen eigenen Waffen geschlagen werden.[6] Adornos Ethik führt deshalb den Gedanken eines ›neuen kategorischen Imperativs‹ ein (2.). Unter dieser Bezeichnung entwickelt

5 V 10: 27–29, 49 f.
6 V 10: 90.

Adorno einen eigenen moralphilosophischen Ansatz, der in der Lage sein soll, einer bestimmten Art von Gleichgültigkeit Rechnung zu tragen.

1. Probleme der Moralphilosophie

Betrachtet man Adornos Ethik vor dem Hintergrund seiner Dialektik, zeigt sich der enge Zusammenhang zwischen ethischen Grundlagenfragen und dem Vernunftbegriff. Wie verwirklicht sich insbesondere die praktische Vernunft, also jene Vernunft, die unseren Willen bestimmt? Die praktische Vernunft nimmt dreierlei Gestalt an und verwirklicht sich demnach in drei Hinsichten. Adorno selbst hat diese Unterscheidungen nicht immer mit der nötigen Klarheit beherzigt. Sie ergeben sich jedoch der Sache nach aus den drei Ebenen, aus denen sich moralische Handlungen zusammensetzen. In der Ethik werden die Ebenen der Geltung, der Achtung und der Urteilskraft unterschieden; dementsprechend nimmt die Vernunft die Gestalten der Normenerkenntnis, des Selbstverständnisses und des Urteils an. Zuerst stellt sich die Frage nach der Begründung moralischer Geltung (1.1). Wie kommt es zur Erkenntnis moralischer Ansprüche? Danach schließt sich die Frage an, warum man sich als moralische Person verstehen und die Ansprüche anderer achten will (1.2). Wie kommt es zur Ausbildung eines moralischen Selbstverständnisses, jene Ansprüche achten zu wollen? Drittens folgt die Frage, wie sich die Achtung moralischer Ansprüche in handlungsleitenden Urteilen konkretisiert (1.3). Wie kommt es zur Ausübung der Urteilskraft, durch die moralische Handlungen motiviert werden?

1.1 Moralische Geltung

Moralische Geltung betrifft die Frage, ob es verbindliche Regeln gibt, die bestimmen, was verboten und geboten ist. Lassen sich generalisierbare Aussagen darüber machen, was Menschen einander schulden? Normative Handlungen zeichnen sich durch Forderungen aus, deren Befolgung erwartet und deren Missachtung kritisiert werden darf. Es wird demnach zu Recht von einer Person erwartet, dass sie bestimmte Handlungen ausüben oder unterlassen soll. Die normative Ethik untersucht dabei die Gründe solcher Gebote und Verbote. Mit welchem Recht darf die Erfüllung von Geboten und Verboten erwartet werden?

Man kann vielerlei Erwartungen an andere Personen richten. Doch nur bestimmte Erwartungen verpflichten ihre Adressaten dazu, sie auch tatsächlich zu erfüllen. Solche Pflichten ergeben sich aus moralischen Ansprüchen, die erstens begründet sind, zweitens einen bindenden Charakter haben und drittens von universeller Geltung sind. Das Recht, moralische Ansprüche an andere zu richten, kommt einem Menschen als Exemplar der Gattung Mensch zu. Adorno verwendet für die universelle Geltung der Moral die Begriffe »Humanität« und das »Humane«.[7] Moralische Personen sind demnach Träger universeller Ansprüche, die alle Menschen erheben dürfen und die jeden Menschen verpflichten können, etwas Bestimmtes zu tun. Normative Ethik untersucht also den Grund für die Geltung universeller Ansprüche.

In Bezug auf die moralische Geltung vertritt Adorno eine Mischform von Autonomieethik und Güterethik. Der normative Grund für die moralische Geltung wird in der Autonomieethik als positive Freiheit und in der Güterethik als Wohlerge-

7 V 10: 251.

hen bestimmt. Aus Kants Autonomieethik greift Adorno die Überzeugung auf, dass Freiheit der Grund moralischer Geltung ist.[8] Freiheit ist derjenige Anspruch, der unbedingt schützenswert ist und auf dem alle weiteren Ansprüche aufbauen. Jeder moralische Anspruch besitzt allein deshalb Geltung, weil er sich aus der Freiheit herleitet. Freiheit ist, in Kants Worten, die »ratio essendi«, der Seinsgrund moralischer Ansprüche.[9]

Zwar folgt Adorno der Autonomieethik Kants zunächst insoweit, als er von der unbedingten Geltung der Freiheit ausgeht. Im Unterschied zu Kant verzichtet Adorno indessen auf eine Begründung, weshalb Freiheit unbedingt schützenswert ist. Kant versucht, die Freiheit als eine transzendentale Idee, als eine Vernunftidee zu begründen. Entsprechend ist Freiheit deshalb von unbedingter Geltung, weil sie notwendigerweise als eine Bedingung angenommen werden muss, ohne die sich Handlungen schlechterdings nicht denken lassen.

Hegel wiederum versucht Freiheit aus der Einheit zu begründen, die zwischen der Form und dem Inhalt eines Anspruchs besteht: Die Geltung eines unbedingt schützenswerten Anspruchs kann nicht von der eines anderen Anspruchs abhängen und muss deshalb um ihrer selbst willen gelten. Ein unbedingt schützenswerter Anspruch hat deshalb zwangsläufig die Form eines Selbstzwecks, und Freiheit ist die inhaltliche Entsprechung zu dieser Form: Die Form eines Anspruchs, der unabhängig von anderem und um seiner selbst willen gilt, drückt sich inhaltlich als Freiheit aus. Aus der bestimmten Form eines unbedingt schützenswerten Anspruchs folgt also, dass dessen Inhalt die Freiheit ist.

8 GS 6:10.

9 Immanuel Kant, *Kritik der praktischen Vernunft*, hrsg. von Joachim Kopper, Stuttgart 1961, S. 10.

Adorno hält sich hingegen in Bezug auf eine Begründung der Freiheit bedeckt, und es ist unklar, ob er die Freiheit überhaupt als einen unbedingt schützenswerten Anspruch zu begründen versucht.

Die Autonomieethik wird nun von Adorno mit der Güterethik verknüpft. Güterethiken gehen von generalisierbaren Annahmen über die Ziele menschlichen Lebens aus. Nach Adorno ist Freiheit das oberste Ziel, das im guten Leben erstrebt wird. Menschen streben danach, dass ihr Leben gelingt, und es gelingt, so Adornos Annahme, unter der Bedingung von Freiheit. Adorno hat vom guten Leben folgendes Bild entworfen:

> »Rien faire comme une bête [Nichts tun wie ein wildes Tier], auf dem Wasser liegen und friedlich in den Himmel schauen, ›sein, sonst nichts, ohne alle weitere Bestimmung und Erfüllung‹«[10].

Für dieses Bild stand die Beschreibung Pate, die Karl Marx vom Reich der Freiheit gibt:

> »Das Reich der Freiheit beginnt in der Tat erst da, wo das Arbeiten, das durch Not und äußere Zweckmäßigkeit bestimmt ist, aufhört; es liegt also der Natur der Sache nach jenseits der Sphäre der materiellen Produktion [, dort, wo] die menschliche Kraftentwicklung [...] sich als Selbstzweck gilt«[11].

Freiheit manifestiert sich darin, Lebensziele verfolgen zu können, die nicht der Selbsterhaltung dienen.[12] Selbsterhaltung ist

10 GS 4: 179.

11 Karl Marx, *Das Kapital*, Bd. III, in: K. M. / Friedrich Engels, Werke, Bd. 25, Berlin 1975, S. 828.

12 GS 6: 207; GS 7: 26, 50.

zwar eine notwendige, aber keine hinreichende Bedingung des guten Lebens. Das gute Leben schließt die Freiheit ein, unabhängig vom Zwang der Selbsterhaltung, eigene Ziele verfolgen zu können. Verwirklicht wird diese »gesamtgesellschaftliche Freiheit«[13] in einer »von Nützlichkeit emanzipierte[n] Gesellschaft«[14].

Doch was hat man sich unter dieser Freiheit vorzustellen, die nach Adorno das gute Leben ausmacht? Freiheit wird von ihm als die Fähigkeit aufgefasst, Ziele zu erstreben, die von einem selbst bestimmt werden. Ob jemandes Leben gelingt, hängt also wesentlich davon ab, dass er in der Lage ist, seine Lebensziele selbst bestimmen und verfolgen zu können.

Dieses Freiheitsverständnis Adornos ist deutlich erklärungsbedürftig und anfällig für Missverständnisse. Ihm schwebt keine Willkürfreiheit vor, entsprechend der man in der Lebensplanung sich völlig ungebunden fühlen und alles nach Belieben selbst festlegen können soll: als ob das Schicksal allein in der eigenen Hand läge und auf niemandes Befinden Rücksicht zu nehmen wäre. Vielmehr bedeutet Freiheit bei Adorno eine bestimmte Fülle des Lebens, in der man vom Streben nach Erfüllung befreit ist. Das gute Leben hängt von der Erfüllung bestimmter Ziele ab, die das Leben lohnenswert machen; solche Lebensziele sind notwendige Ziele, weil ihre Erfüllung für ein gutes Leben erforderlich ist. Unter Freiheit versteht Adorno nun das Freisein von der Notwendigkeit eines solchen Strebens nach Erfüllung. Es geht ihm um die Erfüllung von Lebenszielen, die nicht vom Zwang bestimmt werden, sie erst erstreben zu müssen: Sein Interesse gilt der Freiheit von dem lebenslangen und unentwegten Streben nach der Erfüllung von Zielen, die das Leben lohnenswert machen. Unabgeschlossen

13 V 10: 262.
14 GS 4: 151.

bleibt dieses Streben, weil es erst im Tod an sein Ziel kommen würde.[15] Genau diese Unabgeschlossenheit und Vergeblichkeit macht es aber zu einem Zwang. Einerseits ist das Streben nach der Erfüllung von lohnenswerten Zielen für das gute Leben notwendig. Andererseits wird dieses Strebenmüssen deshalb als Zwang wahrgenommen, weil es innerhalb der Lebenszeit unerfüllt bleibt. Als Zwang wird jener Umstand erfahren, nach etwas streben zu müssen, das unerreichbar bleibt und deshalb eigentlich kein lohnenswertes Ziel ist. Vor diesem Hintergrund zeigt sich, dass das gute Leben auch in der Freiheit vom Streben nach Erfüllung liegt.

Der frühe Adorno sah diese Freiheit beispielsweise im Luxus verwirklicht, der von Protz und Komfort zu unterscheiden ist.[16] Luxus umfasst einen Besitz von Gütern, der die Existenzsicherung überschreitet, und befreit somit vom Streben nach Selbsterhaltung. Der späte Adorno hingegen bestimmt die Freiheit als eine »Freiheit vom Prinzip des Besitzes«[17]. Auch bestimmte soziale Beziehungen, insbesondere die Liebe, bringen Freiheit zum Ausdruck. Personen begegnen sich hier in »zweckfreie[n] Beziehungen«[18] als Selbstzweck. Die »freie und solidarische Zusammenarbeit«[19] wird dem kapitalistischen Arbeitsprozess gegenübergestellt, in dem sich Personen aufeinander nur als Funktionsträger beziehen, deren Tätigkeit der Herstellung von Waren, dem Bestreiten eines Lebensunterhalts oder der Sicherung eines Vorteils dienen. Zudem realisiert sich Freiheit auf epistemischer Ebene als selbstzweckhafte

15 Adornos Theorie des guten Lebens, die hier im Hintergrund steht, wird auf S. 133–138 ausführlicher behandelt.

16 GS 4: 135–137, 256; GS 10/1: 72–96. Vgl. Lambert Wiesing, *Luxus*, Berlin 2015.

17 GS 7: 387.

18 GS 4: 45.

19 GS 4: 147.

Erkenntnis, die um ihrer selbst willen erstrebt wird. Autonome Erkenntnis begreift »Wirkliches um seiner selbst willen in Freiheit«[20]. Eine solche »Freiheit zum Objekt«[21] übersteigt die instrumentelle Vernunft, in deren Licht Sachen, Personen, Güter und Natur nur als Ressourcen erscheinen, die der Selbsterhaltung dienen. Auf sie verweist die gegen das Sekuritätsdenken gerichtete

> »Perspektive, ob nicht der Zustand, in dem man an nichts mehr sich halten könne, erst der menschenwürdige wäre; einer, der dem Gedanken erlaubt, endlich so autonom sich zu verhalten, wie die Philosophie es immer bloß ihm abgefordert hatte, um ihn im selben Atemzug daran zu verhindern«[22].

Und schließlich objektiviert sich Freiheit in dem Selbstzweck der Kunst.[23] »Die Lossage von den Zwecken der Selbsterhaltung, emphatisch in der Kunst, ist gleichermaßen in der ästhetischen Naturerfahrung vollzogen.«[24]

In Adornos Begriff der Freiheit verschränken sich ihre prudentielle und ihre moralische Bedeutung. Die prudentielle Bedeutung bezieht sich auf den Beitrag, den die Freiheit für das gute Leben, also das eigene Wohlergehen leistet. Freiheit liegt hier im Eigeninteresse einer Person, die sich von ihr Vorteile für ein gutes Leben verspricht. Im Begriff der Freiheit selbst liegt nun aber zugleich der moralische Anspruch auf Gleichheit. Verschieden sind Menschen in vielem, außer in dem

20 GS 4: 224.
21 GS 6: 38, 58; GS 7: 33.
22 GS 6: 373.
23 Siehe Kap. IV.
24 GS 7: 103.

Recht, »ohne Angst verschieden sein«[25] zu dürfen. Anders ausgedrückt: Sie sind gleich in ihrer Freiheit. Niemand kann für sich Freiheit beanspruchen, ohne dass sie als das gleiche Recht jeder Person gedacht wird. Denn das Freiheitsrecht wird jemandem durch den Status der Person verliehen, den er sich mit anderen Personen teilt. Demnach kommt das gleiche Freiheitsrecht allen Personen zu. Sofern jede Person das gleiche Recht auf Freiheit besitzt, begegnen sich diese Personen als Freie und als Gleiche. Die moralische Geltung besteht demnach im Prinzip der gleichen Freiheit.

Der Widerspruch, den Adorno als zentral für die Ethik betrachtet, nimmt auf der Ebene moralischer Geltung somit die Gestalt eines Spannungsverhältnisses zwischen Freiheit und Gleichheit an. Die Freiheit einer jeden Person wird durch die Freiheit aller anderen begrenzt. Man muss deshalb anderen so viel Freiheit zugestehen, wie man für sich selbst beansprucht. Umgekehrt muss man sich auch mit so viel Freiheit begnügen, wie man anderen gegenüber sich selbst einräumt. Die eigene Freiheit muss also in Einklang mit der gleichen Freiheit jedes anderen stehen.

1.2 Moralische Achtung

Die moralische Geltung zieht die Frage der moralischen Motivation nach sich, warum moralische Gebote und Verbote überhaupt befolgt werden. Angenommen, dass berechtigte Ansprüche an mich gerichtet werden: Aus welchem Grund soll ich sie dann auch berücksichtigen? Eine erste Teilantwort wird mit dem Konzept der moralischen Achtung gegeben. Das Problem der moralischen Achtung betrifft die Frage nach dem Grund, warum jemand sich als moralische Person versteht und

25 GS 4: 116.

die Forderungen anderer respektiert. Wie kommt es also zur Ausbildung eines moralischen Selbstverständnisses, fremde Ansprüche achten zu wollen?

Adornos Antwort trägt zwei Vorbehalten Rechnung. Erstens kann die moralische Achtung nicht Gegenstand einer Forderung sein, denn ansonsten würde man sich im Kreis bewegen. Wenn jemand die Forderungen anderer nicht achtet, dann kann man ihn klarerweise nicht zu ihrer Achtung bewegen, indem man diese von ihm fordert. Man würde seine Bereitschaft, diese Forderung zu achten, voraussetzen, obwohl sie nicht vorausgesetzt werden kann, sofern er zu ihr erst bewegt werden müsste. Zweitens muss die Achtung in Einklang mit der Annahme des unbedingt schützenswerten Anspruchs liegen. Wenn Freiheit ein Anspruch ist, dessen Geltung von keiner anderen Geltung abhängt, dann kann auch ihre Achtung durch nichts außer der Wertschätzung der Freiheit motiviert werden. Der Grund für die Achtung fremder Ansprüche auf Freiheit liegt also darin, dass man Freiheit um ihrer selbst willen wertschätzt. Man will die Freiheit anderer Personen respektieren, weil man Freiheit als etwas, das um seiner selbst willen gilt, wertschätzen will. Solche Achtung ist also das Ergebnis eines Willens.

Doch warum wertschätzt man Freiheit? Die Wertschätzung der Freiheit wird von Kant als Erfahrung der Selbstachtung beschrieben.[26] Personen achten sich aufgrund ihrer Freiheitsfähigkeit, da sie diese als ein erstrebenswertes Ziel erkennen. Und sie nehmen sie als erstrebenswertes Ziel wahr, weil sie eine Vernunftidee ist. Was Freiheit zu einem erstrebenswerten Ziel macht, ist, dass sie eine Idee der Vernunft ist. Kants Theorie der Selbstachtung stützt sich demnach auf dessen naturalis-

26 Immanuel Kant, *Kritik der praktischen Vernunft*, (s. Anm. 8), S. 108–132.

tische Prämisse, dass dem Vernunftvermögen seine Verwirklichung als ein inneres Ziel einwohnt. Die Ausübung der Vernunft stellt ein (inneres, natürliches) Ziel dar, und ihre Erkenntnisergebnisse, unter anderem die Vernunftideen, besitzen einen positiven Wert. Die transzendentale Vernunftidee der Freiheit ist deshalb ein Gut, das eine Wertschätzung verdient. Die Wertschätzung der Freiheit erklärt sich also aus Kants naturalistischer Vernunftkonzeption. Zwar können Menschen ihre Selbstachtung verlieren und den Wert der Freiheit missachten. Solches sind jedoch pathologische Fälle. In ihnen verhindern ungünstige Umstände gewaltsam, dass sich eine Selbstachtung entwickelt. Als Vernunftwesen ist der Mensch zur Selbstachtung veranlagt. Ihr muss nur durch Erziehung und Bildung zur Wirklichkeit verholfen werden. Personen wertschätzen von sich aus ihre Freiheitsfähigkeit und werden von dieser Wertschätzung durch äußere Umstände wie den Mangel an Erziehung und Bildung gewaltsam gehindert.

Adornos negative Anthropologie setzt sich von Kants naturalistischem Vernunftkonzept und damit auch von dessen Annahme einer Wertschätzung der Freiheit ab, zu der der Mensch veranlagt sei. Vernunft ist kein Vermögen, das den Menschen von Natur aus auf ein Ziel ausgerichtet sein lässt. Die Wertschätzung der Freiheit ist vielmehr das Ergebnis einer sozialen Willensbildung. Sie geht aus einer historisch gewachsenen, kulturell eingebetteten und sozial vermittelten Wertbindung hervor. In sozialen Beziehungen lernen Personen, dass sie Freiheit für wichtig halten. Die frühkindliche Erziehung, die lebenszeitliche Sozialisation und kollektive Lernprozesse bilden einen individuellen Willen aus, Freiheit wertzuschätzen. Personen werden so geprägt, dass sich eine Freiheitswertschätzung in ihnen verwurzelt. Sie lernen Freiheit durch Erfahrung und ihre Umwelt wertzuschätzen, ohne dass sie schon eine Disposition oder eine Anlage zu ihr in sich tragen. Das moralische Selbstverständnis einer Person ist demnach das Ergebnis ihres Willens. Dabei sind soziale Beziehungen die Quelle dieser Willensbildung. Man will sich als moralische Person verstehen, und dieser Wille verdankt sich der sozialen Integrationskraft einer Gemeinschaft. Das moralische Selbstverständnis einer Person wird also in einer Wertegemeinschaft ausgebildet, die selbst das Resultat einer kulturell-historischen Entwicklung darstellt.

Im Unterschied zu Kant gehört die moralische Achtung bei Adorno zur Vorstellung vom guten Leben. Das moralische Selbstverständnis entsteht aus der Vergewisserung darüber, als was man sich verstehen will. Damit verschärft Adorno den Widerspruch zwischen Moral und Glück, den Kant mithilfe der Idee des höchsten Guts aufgehoben zu haben glaubt.[27] Kants Idee des höchsten Guts soll eine Einheit zwischen Glück und Moral stiften, die den konsistenten Handlungszusammenhang einer Person garantiert. Das Eigeninteresse und die moralische Achtung müssen dabei als Handlungsgründe derselben Person zueinander in Beziehung stehen. Moralische Handlungen verbürgen einer Person ihre Glückswürdigkeit, demzufolge sie eine gerechte Teilhabe am Glück erwarten darf.

Sind dennoch Moral und Glück miteinander identisch? Weder winkt Glück als Lohn für Hilfe, die vielmehr um der Besserstellung von Bedürftigen willen gut ist. Noch geht die eigene Lebensqualität durch eine Pflichtverletzung verloren. Moral und Glück stehen in einem Spannungsverhältnis zueinander und sind insoweit nicht miteinander identisch. Glück ist das prudentielle Ziel selbstbezogener Handlungen, die *für mich* gut sind. Der Zweck moralischer Handlungen ist hingegen die Besserstellung oder das Wohl anderer Personen. Einer bedürftigen Person wird geholfen nicht aus Gründen einer Vorteils-

27 Ebd., S. 162–214.

erwartung, sondern deshalb, weil ihr Wohl ein Selbstzweck ist und die Hilfe *an und für sich* gut ist.

Glück und Moralität ziehen somit in gegensätzliche Richtungen. Einerseits neigt das Pendel zur Moralität, indem das Wohl anderer ein Selbstzweck ist, dem das selbstbezogene Streben nach Glück untergeordnet ist. Hier droht die Gefahr eines moralischen Rigorismus, sofern das eigene Glück dem Wohl anderer zu opfern geboten zu sein scheint. Andererseits schwingt das Pendel zur Selbstbezogenheit zurück, indem moralische Handlungen letztlich zum Vorteil einer Person gereichen, die sich ja als moralisch selbst verstehen *will*. Die Handlung zugunsten anderer ist hier gut im Verhältnis zu meinem Selbstverständnis: Sie ist somit für mich gut. Damit taucht aber die Gefahr der Instrumentalisierung des Wohls anderer auf, das als ein Mittel zum Zweck des eigenen Glücks zu dienen scheint. Das moralische Selbstverständnis dient hier nicht dem Wohl anderer, das um seiner selbst willen gut sein sollte. Vielmehr wird mit der Achtung fremder Ansprüche das eigene gute Leben befördert. Sie wird somit prudentiell vereinnahmt und büßt ihren moralischen Charakter ein.

Der Widerspruch zwischen Freiheit und Notwendigkeit in Bezug auf die Achtung besteht demnach im Spannungsverhältnis zwischen Glück und Moralität, zwischen Selbst- und Fremdbezug, zwischen Egoismus und Altruismus. Dieses Spannungsverhältnis wird dadurch bewältigt, dass Selbst- und Fremdbezug gegeneinander ausbalanciert werden. Diese Ausgewogenheit wird indes durch zwei Extreme bedroht, in die das Pendel ausschlagen kann. Vor allem der zweite Pendelausschlag in Richtung Selbstbezug stellt eine Herausforderung für die Ethik dar.[28] Ihm wird ein Riegel durch ein Konzept der moralischen Urteilskraft vorgeschoben.

28 V 10: 251.

1.3 *Moralische Urteile*

Die Schwierigkeiten um die moralische Achtung ziehen ein Folgeproblem nach sich. Es muss deshalb eine zusätzliche Ebene in die Ethik eingezogen werden, auf der dieses Problem gelöst werden kann. Es widerspricht dem moralischen Selbstverständnis, wenn die Ansprüche anderer nicht um deren willen, sondern um des eigenen guten Lebens willen geachtet werden. Solche Personen halten sich für moralischer, als sie sind. Sie selbst verstehen sich zwar als moralische Personen. Tatsächlich aber handeln sie aus einem Selbstinteresse, das vom moralischen Erscheinungsbild verdeckt bleibt.[29] Das Moralische wird somit »zum Deckblatt des Schlechten«[30]. Hinter dem moralischen Selbstverständnis verbergen sich eigentlich nur Selbstinteressen, die »als das Gute rationalisiert«[31] werden. Das moralische Selbstverständnis wird insofern für begründeter gehalten, als es ist.

Diese Kluft zwischen moralischem Schein und Sein wirft das Problem der moralischen Urteilskraft auf.[32] Die zweite Teilantwort auf die Motivationsfrage wird demnach mit einem Konzept der Urteilskraft gegeben. Das moralische Selbstverständnis muss sich in handlungsleitenden Urteilen konkretisieren, denn erst Urteile über bestimmte Situationen können zu konkreten Handlungen führen. Durch die Urteilskraft werden Forderungen in die kleine Münze handlungsleitender Urteile gewechselt.

Es stellt sich also die Frage, wie es zur Ausübung der Urteilskraft und somit zu handlungsleitenden Urteilen kommen

29 V 10: 241.
30 V 10: 254.
31 V 10: 258.
32 GS 4: 225 f.; V 10: 105, 233.

kann. Was bewegt jemanden dazu, konkrete Situationen richtig zu beurteilen und sich so ein handlungsleitendes Urteil zu bilden? Die Urteilskraft stellt ein Vermögen dar, das Konkrete unter das Allgemeine zu ordnen. In moralischer Hinsicht bedeutet sie, dass man konkrete Situationen auf universelle Ansprüche hin angemessen zu beurteilen vermag. Das moralische Selbstverständnis soll sich also zu einem richtigen Urteil über eine bestimmte Situation konkretisieren. Begriff und Wirklichkeit einer moralischen Person (also ihr moralisches Selbstverständnis und ihr konkretes Urteil) sollen miteinander übereinstimmen, indem die moralische Urteilskraft ausgeübt wird und handlungsleitende Urteile gebildet werden. Im Unterschied zu Kant versteht Adorno unter der Urteilskraft also ein Vermögen der Vernunft: Sie ist neben der Geltung und Achtung eine dritte Gestalt, die die praktische Vernunft annehmen kann. Die Leitfrage nach der Verwirklichung der Vernunft führt also zu der Frage, wie es zur Ausübung der Urteilskraft kommt.

Die Urteilskraft bildet einen eigenständigen Bereich der Moralphilosophie. Deutlich macht dies die kontrastive Vorgehensweise, jeweils das moralisch Falsche im Gegensatz zum moralisch Richtigen zu bestimmen. Die Frage lautet nun, was im Kontrast zur Moralität gesehen jeweils ›unmoralisch‹ bedeutet. Wer ist der jeweilige Gegenspieler zur moralischen Person? In Bezug auf die moralische Geltung ist erstens die unmoralische Person ein *Skeptiker*, der bezweifelt, dass es überhaupt generalisierbare Ansprüche gibt, die verpflichten können. Er hält sich deshalb nicht an moralische Regeln, weil es sie in seinen Augen gar nicht gibt.

Hinsichtlich der Achtung spielt zweitens der *Böse* die Rolle eines unmoralischen Gegenspielers. Er verletzt Gebote und Verbote, obwohl er im Unterschied zum Skeptiker weiß, dass sie gelten. Moralische Gebote und Verbote werden von ihm im Wissen um ihre Geltung bewusst missachtet.

Unmoralisch in Bezug auf die Urteilskraft verhält sich drittens, wer sich als moralisch versteht und trotzdem ein falsches Urteil über die konkrete Handlungssituation fällt, obwohl es vermeidbar wäre. Weder leugnet er (wie der Skeptiker) die Geltung moralischer Ansprüche, noch mangelt es ihm (wie dem Bösen) an moralischem Selbstverständnis. Zwar versteht er sich als moralische Person, die fremde Ansprüche achtet. In konkreten Situationen nimmt er sich jedoch nicht als Adressat von fremden Ansprüchen wahr. Diese Haltung einer vermeintlich moralischen Person, die, wenn es darauf ankommt, fremde Ansprüche missachtet, lässt sich als Gleichgültigkeit beschreiben. Gleichgültigkeit zeichnet sich durch die Freiheit aus, sich ohne Not oder Zwang für fremde Ansprüche zu verschließen.[33] Der unmoralische Gegenspieler zur rationalen Person ist also der *Gleichgültige*. Hingegen verhält sich eine Person moralisch, die sich in konkreten Situationen als Adressat moralischer Ansprüche auch erkennt. Ihr moralisches Selbstverständnis stimmt mit ihrer Selbsterkenntnis als Adressat fremder Ansprüchen überein. Diese Übereinstimmung macht ihre Rationalität aus.

Der Widerspruch besteht hier zwischen der Freiheit, sich von einer Urteilsbildung zu entlasten, und der Vernunft, die sich gegen eine solche Entlastung durchsetzt. Die Vernunft kommt noch vor allen absichtsvollen Einstellungen des Meinens, Wollens und Wünschens zur Ausübung. Zugleich ist der Mensch frei, ohne Not oder Zwang seine Urteile für begründeter zu halten, als sie sind. Der Widerspruch besteht also darin, dass jede Ausübung der Vernunft unseren Einstellungen zuvorkommt und dass zugleich der Mensch sich auf unverwechselbare Weise durch die Freiheit auszeichnet, sich von ebendieser Vernunftausübung zu entlasten.

33 Dazu gleich mehr, siehe S. 86–106.

Damit wird erkennbar, in welchem Sinne es kein richtiges Leben im falschen gibt. Im falschen Leben fehlt es weder an moralischen Geboten und Verboten noch an einem moralischen Selbstverständnis, sondern an moralischer Urteilskraft. Weder trifft zu, dass in modernen Gesellschaften die Skeptiker zunehmen, die die universelle Geltung moralischer Ansprüche in Frage stellen. Universelle Ansprüche mögen zwar unvollständig verwirklicht sein, ihre universelle Geltung berührt dies jedoch nicht. Noch trifft zu, dass das Böse in modernen Gesellschaften zunehmend Raum greift. Eher im Gegenteil findet ein moralischer Fortschritt statt, indem sich in Gesellschaften verstärkt moralische Standards etablieren, die von ihren Mitgliedern geachtet werden. Die Probleme der Moralphilosophie drehen sich vielmehr um die Tatsache, dass die Gleichgültigkeit in modernen Gesellschaften zunimmt. Die moralische Integrität einer Gesellschaft wird weniger durch Skeptiker noch das Böse, sondern durch Gleichgültigkeit erodiert. Es gibt kein richtiges Leben im falschen also nicht deshalb, weil es am Fortschritt des Bewusstseins der Geltung und Achtung mangelt, sondern deshalb, weil eine vergleichbar stabile Urteilsbildung fehlt.

2. Der neue kategorische Imperativ

Adorno unternimmt den Versuch, einen »neuen kategorischen Imperativ«[34] zu begründen. Mit diesem Anliegen will er das Problem lösen, das der Widerspruch zwischen Freiheit und Notwendigkeit auf der Ebene der Urteilskraft erzeugt. Oder anders gewendet: Der Widerspruch zwischen der Freiheit, sich von einer Vernunftausübung zu entlasten, und der Not-

34 GS 6: 358.

wendigkeit, mit der eine Vernunftausübung sich gegen die subjektiven Einstellungen geltend macht, stellt das Problem dar, dessen Lösung der neue kategorische Imperativ sein soll. Dieser lautet: das »Denken und Handeln so einzurichten, daß Auschwitz nicht sich wiederhole, nichts Ähnliches geschehe«[35].

Das Erfordernis, den kategorischen Imperativ neu zu formulieren, motiviert sich aus dem ›Nie wieder!‹, mit dem auf die Gräuel der NS-Herrschaft reagiert wurde. Er soll ebenso wie die menschenrechtlich verankerte Idee von Würde, die sich ab 1947 im nationalen Recht und Völkerrecht zu etablieren begann, dazu beitragen, eine Wiederholung des Unrechts zu verhindern. Auf den ersten Blick bleibt jedoch unklar, aus welchem Grund der kategorische Imperativ einer Neubestimmung bedarf. Denn die menschenrechtliche Würdeidee geht auf Kants Würdebegriff zurück.[36] Auch würde Kants kategorischer Imperativ eine moralische Grundlage dafür bieten, die Massenvernichtung, für die der Name Auschwitz steht, zu verurteilen. Warum also bedarf es eines *neuen* kategorischen Imperativs?

Adornos neuer kategorischer Imperativ soll einer bestimmten Art von Gleichgültigkeit Rechnung tragen, deren Diagnosen keinen systematischen Ort in Kants Autonomieethik findet. Seine Zeitdiagnose der Gleichgültigkeit richtet sich auf eine spezifische Teilnahmslosigkeit, die zur NS-Zeit beobachtbar war und beim jungen Adorno einen bleibenden, sein Denken fortan prägenden Eindruck hinterließ. Die Shoah wurde erst durch die Gleichgültigkeit der schweigenden Mehrheit möglich, die bei den NS-Verbrechen wegsah. Diese Gleichgültigkeit geschah bisweilen ohne Zwang oder Not. In ihr wird die

35 Ebd.

36 Immanuel Kant, *Grundlegung zur Metaphysik der Sitten*, hrsg. von Theodor Valentiner, Stuttgart 2008, S. 73.

Ausübung der Urteilskraft aus freien Stücken unterlassen. Die Diagnose der Gleichgültigkeit lässt sich dabei nur dann erfolgreich durchführen, wenn sie von einer Analyse der Selbsttäuschung begleitet wird. Gleichgültigkeit und Selbsttäuschung sind zwei Erscheinungsweisen desselben Phänomens, dass man sich aus Freiheit von der Urteilsbildung entlastet. Diese Entlastung wird in ethischer Hinsicht als Gleichgültigkeit (2.1) und in erkenntnistheoretischer Hinsicht als Selbsttäuschung (2.2) beschreibbar.

2.1 Gleichgültigkeit

Der Begriff der Gleichgültigkeit wird allgemein in dreierlei Bedeutung verwendet: Er kann erstens im Sinne einer neutralen Gleichwertigkeit gebraucht werden, etwa dann, wenn (wie im Fall der *libertas indifferentia* oder Simmels Bestimmung von Geld) Güter sich gleichwertig zueinander erhalten und deshalb miteinander austauschbar oder beliebig wählbar sind. Unter Gleichgültigkeit wird zweitens in der Tradition der Adiaphora und Ataraxie eine bestimmte Tugend verstanden und als die kognitive, volitive und emotionale Distanznahme der Gelassenheit, Beherrschtheit und Sorgenfreiheit beschrieben.[37] Gleichgültigkeit ist drittens ein Übel. Adornos Überlegungen beschränken sich auf diese dritte Bedeutungsvariante.

Gleichgültigkeit wird von Adorno als Haltung der ›Kälte‹, ›Härte‹, ›Neutralität‹, ›Indifferenz‹ und ›Verdinglichung‹ beschrieben.[38] Kälte ist das Grundprinzip »der bürgerlichen Ge-

37 Einen Überblick über den Bedeutungsreichtum der Gleichgültigkeit als Tugend verschafft: Manfred Geier, *Das Glück der Gleichgültigkeit. Von der stoischen Seelenruhe bis zur postmodernen Indifferenz*, Reinbek bei Hamburg 1997.

38 GS 6: 386–391; vgl. 192, 355 f.

sellschaft, ohne das Auschwitz nicht möglich gewesen wäre«[39]. Wären die Menschen

> »nicht zutiefst gleichgültig gegen das, was mit allen anderen geschieht [...], so wäre Auschwitz nicht möglich gewesen, die Menschen hätten es dann nicht hingenommen. [...] Die Kälte der gesellschaftlichen Monade, des isolierten Konkurrenten, war als Indifferenz gegen das Schicksal der anderen die Voraussetzung dafür, dass nur ganz wenige sich regten«[40].

Diese Gleichgültigkeit wird von den Opfern des NS-Regimes als ein Unrecht ganz eigener Art wahrgenommen. Vier Eigenschaften der Gleichgültigkeit lassen sich unterscheiden, nämlich erstens Gleichgültigkeit als Verletzung der Person, zweitens als Erzeugen von Unsichtbarkeit, drittens als Beziehungslosigkeit und viertens als Unterbieten eines moralischen Minimums.

(1.) Gleichgültigkeit als Verletzung der Person: Das NS-Unrecht wird nicht nur als ein Verstoß gegen ein oder mehrere Rechte verstanden, sondern als Verletzung dessen, was den moralischen Status einer Person ausmacht, und das ist ihre Menschenwürde.[41] Ihr Status als Person bestimmt sie als Trä-

39 GS 6: 356. Siehe zu Gleichgültigkeit als Kälte: Jay M. Bernstein, *Adorno. Disenchantment and Ethics*, S. 396–414; Hartmut Rosa, *Resonanz. Eine Soziologie der Weltbeziehung*, Berlin 2016, S. 580–585; Andreas Gruschka, *Bürgerliche Kälte und Pädagogik. Moral in Gesellschaft und Erziehung*, Wetzlar 1994.

40 GS 10/2: 687.

41 Zur menschenrechtlichen Auslegung des moralischen Personenstatus als Menschenwürde im Menschenrechtsdiskurs des 20. Jahrhunderts siehe Tilo Wesche, »Die Würde von Freien und Gleichen. Zur Begründung der menschenrechtlichen Würdeidee«, in: Daniela

gerin von universellen, egalitären, unveräußerlichen und subjektiven Ansprüchen, deren Durchsetzung rechtlich gesichert sein soll. Das NS-Unrecht wird demnach nicht bloß als einzelne oder mehrfache Rechtsverletzung, sondern als Missachtung des Personenstatus als solchem gedeutet. Von dieser Missachtung durch die Täter des NS-Unrechts ist die Gleichgültigkeit einer schweigenden Mehrheit zunächst verschieden, die sich nicht aktiv als Täter an den nationalsozialistischen Unrechtshandlungen beteiligt. Genau betrachtet aber sind Missachtung und Gleichgültigkeit je eine aktive und eine passive Art derselben Verletzung.

Gleichgültigkeit besteht zunächst darin, dass die Verletzung von Ansprüchen nicht *als* Verletzung wahrgenommen wird. Werden die Ansprüche einer Person missachtet, so wird dieser durch Gleichgültigkeit zusätzlich die Wahrnehmung als missachtete Person verweigert. Durch Gleichgültigkeit wird also einer Person ihre Wahrnehmung als eine Person vorenthalten, deren Rechte verletzt werden. Damit aber wird eine Person durch Gleichgültigkeit, wenn auch auf eine passive Art, ähnlich wie durch den aktiven Rechtsentzug verletzt. Denn durch sie wird eine Person so behandelt, als ob es keine Rechte gäbe, auf die sie einen Anspruch hätte. Mit der Gleichgültigkeit gegenüber einer Rechtsverletzung wird vermittelt, dass es hier gar keine Verletzung von Rechten gibt, die einer Person vorenthalten werden. Vermeintlich werden keine Rechte verletzt, auf die die betroffene Person einen Anspruch hätte. Außer durch die aktive Rechtsverletzung wird somit durch Gleichgültigkeit einer Person abermals, obgleich passiverweise, der Status einer Person aberkannt. Oder anders ausgedrückt: Ähnlich

Demko / Kurt Seelmann / Paolo Becchi (Hrsg.), *Würde und Autonomie, Archiv für Rechts- und Sozialphilosophie – Beihefte* 142 (2014), S. 41–64.

wie durch repressive Gesetze, politische Maßnahmen und aktive Mittäterschaft wird aufgrund von Gleichgültigkeit einer Person ihr moralischer Status als Trägerin unveräußerlicher Rechte abgesprochen.

(2.) *Gleichgültigkeit als Erzeugen von Unsichtbarkeit*: Gleichgültigkeit wird als Invisibilisierung ausgeübt; sie erzeugt eine Unsichtbarkeit der Verletzung. Täter verüben ein Unrecht an Opfern, Gleichgültige hingegen bringen die Opfer in der öffentlichen Wahrnehmung zum Verschwinden. »Menschenschlachthäuser« seien »so weit hinten in Polen« eingerichtet worden, »daß jeder der eigenen Volksgenossen sich einreden kann, er höre die Schmerzensschreie nicht«[42]. Unrecht nimmt hier eine bestimmte Gestalt von Unsichtbarkeit an, die den Opfern bzw. Bedürftigen widerfährt, indem vor ihrer Not die Augen verschlossen werden. Gleichgültige verschließen sich gegen Unrecht, indem sie nicht hinsehen oder Fragen stellen. Gleichgültigkeit verletzt eine Person, die übergangen und wie Luft behandelt wird, als zähle sie nicht, indem sie nicht einmal wahrgenommen wird als jemand, deren Ansprüche verletzt werden. Adorno bezeichnet diese Gleichgültigkeit als »Verblendung« und beschreibt sie als »das ungerechte Verschließen des Blicks gegen den Anspruch, den alles Daseiende erhebt, wodurch dem Daseienden Gerechtigkeit widerfährt«[43]. Gleichgültigkeit ist ein tätiges Übersehenwollen, das sich sowohl vom unabsichtlichen Versehen – etwas versehentlich übergehen – als auch vom absichtlichen Wegschauen und Hindurchsehen unterscheidet. Das Hindurchsehen durch jemanden (ihn absichtlich zu übergehen) und das Wegschauen (den Blick willentlich von jemandem abzuwenden) werden im vollen Bewusstsein dessen, was sie sind, vollzogen. Dem Gleich-

42 GS 4:70.
43 GS 4:85.

gültigen hingegen bleibt verborgen, dass er etwas zu übersehen versucht.

(3.) Gleichgültigkeit als Beziehungslosigkeit: Gleichgültigkeit zeichnet sich gegenüber anderen Haltungen durch ihre Beziehungslosigkeit aus. Diese Beziehungslosigkeit wird von Adorno als Verdinglichung beschrieben. In ihr verhalten sich Personen ebenso wenig zueinander wie leblose Dinge.[44] Die Haltung, Unrecht nicht sehen oder wahrhaben zu wollen, ist kein ablehnendes Verhalten, sondern es ist vielmehr ein Nichtverhalten. Unrecht wird dabei weder gutgeheißen noch verurteilt, sondern übersehen: Es wird überhaupt nicht sichtbar. Die Wahrnehmungsverweigerung kommt somit der Unterscheidung von Gut oder Schlecht, Recht oder Unrecht zuvor und stellt ein eigenständiges Drittes dar. Im Unterschied zum Bösen betrachten Gleichgültige ein Unrecht nicht als gut. Im Kontrast zum Tugendhaften empören sie sich nicht über es. In der Gleichgültigkeit gegenüber einem Unrecht wird dasselbe weder als gerecht noch als ungerecht beurteilt. Vielmehr unterlässt man es, Position zu beziehen. Das Unrecht kommt deshalb erst gar nicht vor, weder als befürwortetes noch als verurteiltes Unrecht. Gleichgültigkeit ist also weder eine bejahende noch eine verneinende Beziehung zu anderen und deren widerfahrenes Unrecht, sondern eine Beziehungslosigkeit.

Diese Beziehungslosigkeit kann zwei Bezugsgrößen haben und als soziale oder als selbstbezogene Gleichgültigkeit auftreten: Man kann sich gegen ein Unrecht verschließen, das anderen oder auch einem selbst widerfährt. Die soziale Gleichgültigkeit ist die Insensitivität für die Verletzbarkeit und Bedürftigkeit anderer. Hingegen wird einem in der selbstbezogenen

44 Siehe zur Gleichgültigkeit als Beziehungslosigkeit und ihre Herkunft von Hegel: Michael Theunissen, *Sein und Schein. Die kritische Funktion der Hegelschen Logik*, Frankfurt a. M. 1980, S. 253, 360.

Gleichgültigkeit die eigene Verletzbarkeit und Bedürftigkeit gleichgültig. Das beschreibt den Fall der ›Entfremdung‹ oder ›Selbstentfremdung‹. Entfremdung ist die Selbstbeziehung der Beziehungslosigkeit. Man verhält sich zu sich selbst wie zu einem Fremden, der einen nichts angeht. Es werden einem die eigenen Bedürfnisse, Ansprüche und deren Verletzungen gleichgültig. Selbst das Unrecht, das man am eigenen Leib erfährt, wird nicht als Unrecht wahrgenommen. Entsprechend »verkleistert«[45] man sich den Verlust von Freiheit in einer profitbasierten Gesellschaftsordnung.[46]

(4.) Gleichgültigkeit als das Unterbieten eines moralischen Minimums: Gleichgültigkeit stellt das schuldhafte Unterbieten eines Minimums des moralisch Geforderten dar, ist also das Gegenextrem zum moralischen Maximum, der sogenannten Supererogation. Supererogation bedeutet die Übererfüllung einer Pflicht und stellt neben dem Pflichtgebot, dem Verbot und der Erlaubnis eine vierte Kategorie normativer Handlungen dar.[47] Das klassische Fallbeispiel für eine Supererogation ist die Fluchthilfe oder das Verstecken verfolgter Juden im nationalsozialistischen Deutschland. Hingegen unterbietet die Gleichgültigkeit nicht ein solches supererogatives Maximum, sondern, im Gegenteil, das Minimum, das in der Sensitivität für Verletzungen besteht, die jemandem zugefügt werden. Durch das Übersehen seiner Rechtlosigkeit wird nicht ein supererogatorischer Anspruch auf Fluchthilfe, sondern der

45 V 10: 248.

46 Später werden wir auf diese selbstbezogene Gleichgültigkeit gegenüber den sozialen Pathologien, die vom Kapitalismus erzeugt werden und die das Vorenthalten des eigenen Wohlergehens einschließen, zurückkommen.

47 Siehe zum Begriff der Supererogation: James O. Urmson, »Saints and Heroes«, in: Abraham Irving Melden (Hrsg.), *Essays in Moral Philosophy*, Washington 1958.

Anspruch auf die Wahrnehmung seiner vorenthaltenen Rechte und somit ein Anspruch verletzt, der ohne große Risiken erfüllt werden kann.

Dies sind die vier Eigenschaften der Gleichgültigkeit. Unbeantwortet blieb bisher die Frage nach den Ursachen der Gleichgültigkeit. Was führt oder bewegt jemanden dazu, sich für das Unrecht zu verschließen, das anderen oder sogar einem selbst zugefügt wird? Adornos Antwort verdient hier besondere Aufmerksamkeit. Seine Diagnose von Gleichgültigkeit sticht aus den gewohnten Ansätzen heraus, weil sie eine Zwischenposition einnimmt, die sich weder mit Moralphilosophie noch Sozialwissenschaft verrechnen lässt. Gleichgültigkeit geht weder allein auf moralische Autonomie noch auf soziale Determination zurück. Allgemein lassen sich drei Ursachen der Gleichgültigkeit unterscheiden: Gleichgültigkeit kann erstens das Erscheinungsbild einer bestimmten Art von Interesselosigkeit, Antriebslosigkeit, Stimmungsverengung und Aufmerksamkeitsverlust sein, die der endogenen und reaktiven Depression entspricht. »Depression« lautet die Bezeichnung für ein heterogenes Krankheitsbild, das durch somatisch-biologische oder psychogene Faktoren verursacht werden kann. Sie kann entstehen aufgrund von Triebkonflikten, aufgrund eines instabilen Selbstwertgefühls, verdrängter aggressiver Konflikte, von Erfahrungen des Kontrollverlusts, des Zustands von Hilflosigkeit, einer Trennungsvulnerabilität und von Enttäuschungen, die aus dem Verfehlen übermäßiger Erwartungen und Idealisierungen resultieren.

Gleichgültigkeit kann zweitens durch sozioökonomische Faktoren verursacht werden. Sie kann beispielsweise aufgrund übermäßigen Leistungsdrucks entstehen, unter dem Betroffene ihre Persönlichkeit als unzureichend erfahren. Sie werden hier von zu hohen Anforderungen überlastet und ermatten aufgrund dieser Überforderung schließlich. Erschöpfung, Ermüdung und Ausgebranntsein führen wiederum zur Schwächung des Empfindungsvermögens: Dabei wird die Bereitschaft, sich von der Not anderer berühren zu lassen, sich auf die Belange anderer einzulassen oder sich in das Schicksal anderer zu versetzen, abgestumpft. Auf die Überbelastungen wird mit emotionaler Distanz, geistiger Unbeteiligtheit und passivem Geschehenlassen reagiert: Diese Reaktionsweisen dienen als Schutzschild gegen jede Form von Konfrontation mit Leiden, Not, Unrecht und Elend.

Obwohl Adorno in seiner Gleichgültigkeitsdiagnose auch sozioökonomische Ursachen berücksichtigt, gilt seine Aufmerksamkeit doch vorwiegend, drittens, einer aktiven Gleichgültigkeit, die aus dem Willen hervorgeht, etwas nicht sehen zu wollen. Die Unsichtbarkeit der Verletzbarkeit und Bedürftigkeit anderer Personen ist hier das Ergebnis einer willentlichen Handlung. Diese aktive Gleichgültigkeit wird nun nicht wie die Gleichgültigkeit der Depression durch innere Unverfügbarkeiten oder wie die Gleichgültigkeit aus Leistungsdruck durch äußere Umstände fremdverursacht, sondern vom Gleichgültigen selbst bewirkt:

> »Die Tilgung der Erinnerung ist eher eine Leistung des allzu wachen Bewußtseins als dessen Schwäche gegenüber der Übermacht unbewußter Prozesse. Im Vergessen des kaum Vergangenen klingt die Wut mit, daß man, was alle wissen, sich selbst ausreden muß, ehe man es den anderen ausreden kann.«[48]

Gleichgültigkeit stößt hier nicht als Widerfahrnis zu, sondern geht aus Freiheit hervor. Diese Selbstverursachung macht da-

48 GS 10/2: 558.

mit Gleichgültigkeit zu einem moralischen Phänomen: Der Gleichgültige darf kritisiert und mit der Forderung konfrontiert werden, sie zu unterlassen. Zwar werden in allen drei Formen der Gleichgültigkeit berechtigte Ansprüche anderer Personen verletzt. Nur im Fall ihrer Selbstverursachung darf jedoch vom Gleichgültigen erwartet werden, diese zu unterlassen, da sie und ihre Unterlassung in seiner Handlungsmacht stehen. Die aktive Gleichgültigkeit ist vermeidbar. Ihre Unterlassung ist mitunter deshalb Gegenstand einer berechtigten Forderung.

Die Tätigkeit der aktiven Gleichgültigkeit besteht darin, etwas nicht sehen zu wollen und es damit unsichtbar zu machen. Etwas nicht wahrzunehmen, beschreibt ein epistemisches Weltverhältnis. Etwas unsichtbar zu machen, kann wiederum als ein Akt der Invisibilisierung bezeichnet werden. Die aktive Gleichgültigkeit wird demnach als epistemischer Akt der Invisibilisierung ausgeübt. Sie ist die Haltung, ein Unrecht nicht zu sehen, das man sehen könnte, und geht somit, zumindest teilweise, auf Freiheit zurück. Es liegt (wie gesagt: zu einem Teil) in der eigenen Hand, zur Wirklichkeit ein offenes Verhältnis einzunehmen und diese so wahrzunehmen, wie sie ist. Wer sich gleichgültig gegen das NS-Unrecht zeigt, ist »ein Mensch, der keine Lüge aussprechen kann, ohne sie selbst zu glauben«[49]. Er verschließt die Augen vor unbequemen Wahrheiten und sieht aus freien Stücken weg. Aufgrund dieser freien Entscheidung kann er zur Rechenschaft gezogen werden. Nicht die Täterschaft des Unrechts wird ihm zur Last gelegt, sondern die Haltung, das Unrecht nicht wahrhaben zu wollen und sich stattdessen auf bequeme Antworten zu verlegen.

Auf diese Verantwortung verweist die Schuldfähigkeit, die in Adornos Schlüsselbegriff des ›Schuldzusammenhangs‹[50]

49 GS 4: 124.
50 GS 6: 365, 393; GS 7: 203.

liegt. Gleichgültigkeit ist eine von den Betroffenen »mitverschuldete Form«[51] der Beziehungslosigkeit. Trotzdem wird sie von den sozioökonomischen Bedingungen jeweils unterstützt oder erschwert. Bevor wir auf den gesellschaftlichen Einfluss eingehen, soll die Freiheit, aus der die aktive Gleichgültigkeit hervorgeht, näher untersucht werden.

2.2 *Selbsttäuschung*

Bei Adorno finden sich zwar verstreute Überlegungen zu der Freiheit, aus der Gleichgültigkeit hervorgeht. Er hat jedoch keine tragfähige Theorie ausgearbeitet, die diese Freiheit erklären könnte. Eine solche Erklärung kann durch eine bestimmte Theorie der Selbsttäuschung gegeben werden. Adorno selbst spricht gelegentlich von der »Selbsttäuschung der individualistischen Gesellschaft«[52]. Selbsttäuschungen sind verzerrte, triviale und befangene Überzeugungen, die auf Freiheit zurückgehen. Sie werden von Adorno im Umfeld der ›Kulturindustrie‹ und ›Halbbildung‹ verortet und beispielsweise als ›Urteilsverzicht‹[53] oder ›Wunschdenken‹[54] umschrieben:

> »Das halbgebildete Bewußtsein beharrt auf dem ›Mir gefällt es‹, zynisch verlegen darüber lächelnd, daß der Kulturschund eigens fabriziert wird, um den Konsumenten hinters Licht zu führen: Kunst soll als Freizeitbeschäftigung bequem und unverbindlich sein; den Betrug nehmen sie in Kauf, weil sie insgeheim ahnen, daß das Prinzip ihres eigenen gesunden Realismus der Betrug des Gleich um Gleich

51 GS 6: 363.
52 GS 11: 18; vgl. GS 6: 219, 222, 370; GS 7: 269; F 1: 122.
53 GS 4: 138 f.
54 GS 4: 225 f.

> ist. […] mundus vult decipi [Die Welt will betrogen werden] lautet ihr kategorischer Imperativ für den künstlerischen Konsum.«[55]

Selbsttäuschungen sind mindestens durch fünf Merkmale gekennzeichnet, nämlich erstens durch kognitive Entlastung, zweitens durch Simplifikation, drittens durch einen Mechanismus von Abwehr und Durchlässigkeit, viertens durch Unaufrichtigkeit und fünftens durch Selbstverursachung.

(1.) Kognitive Entlastung: Die auffälligste Eigenschaft der Selbsttäuschung ist die kognitive Entlastung. In Selbsttäuschungen gibt man sich ohne Not oder Zwang mit einfachen Antworten zufrieden. Wer sich selbst täuscht, hält bequeme Wahrheiten für begründeter, als sie es tatsächlich sind, und entlastet sich von näherer Erkenntnis. Man begnügt sich mit der Betrachtung der Fassade:

> »Der Hinterwäldler jüngsten Stils läßt von keiner Hinterwelt sich irritieren, zufrieden mit der Vorderwelt, der er abkauft, was sie ihm mit Worten und stumm aufschwatzt. [Statt Erkenntnis will er] mit dem falschen Abguß sich […] begnügen.«[56]

In Selbsttäuschungen gibt man »das Interesse an Wesentlichem«[57] preis. Das betrifft zweierlei: Zum einen entlastet man sich von einem Urteil darüber, was im Leben wesentlich im Sinne von wichtig und bedeutsam ist. Zum anderen wird auf die Erkenntnis dessen verzichtet, was das Wesen eines jeweiligen Sachverhalts ist, also auf das, was etwas zu dem macht, was

55 GS 7: 350; vgl. GS 4: 122 f.
56 GS 6: 172.
57 GS 6: 172

es in Wahrheit ist. Statt hinter die Kulissen zu blicken, gibt man sich mit Oberflächenerscheinung zufrieden.

Hegel beschreibt eine solche Selbsttäuschung in seiner berühmten Unterscheidung zwischen dem Bekannten und Erkannten:

> »Das Bekannte überhaupt ist darum, weil es *bekannt* ist, nicht erkannt. Es ist die gewöhnlichste Selbsttäuschung wie Täuschung anderer, beim Erkennen etwas als bekannt vorauszusetzen, und es sich ebenso gefallen zu lassen«.[58]

Hegel stellt in seiner *Phänomenologie des Geistes* verschiedene Bewusstseinsgestalten als Formen der Entlastung dar, in denen am Bekannten, also an der vermeintlichen Gewissheit, festgehalten und vor einer Erkenntnis zurückgewichen wird, in deren Licht sich die Dinge anders zeigen könnten, als sie für das jeweilige Bewusstsein tatsächlich erscheinen.

Heidegger erörtert die Selbsttäuschung, die er gelegentlich auch als solche bezeichnet, in *Sein und Zeit* als »Seinsentlastung«[59]. Anstatt sich über ethische Fragen aus einer unvertretbaren Teilnehmerperspektive ein eigenes Urteil zu bilden, wird an griffigen Erklärungen festgehalten, die aus der Wissenschafts- und Technikperspektive unbeteiligter Beobachter entworfen werden und gesicherte Erkenntnis versprechen. Adorno reiht sich in diese Tradition ein, gibt ihr aber eine eigene Wendung.

(2.) Simplifikation: Fragen nach der Moral und des guten Lebens lassen sich nicht aus der Welt schaffen, indem man vor ihnen verstummt. In der kognitiven Entlastung wird deshalb auf eine Urteilsbildung keineswegs verzichtet; der Verzicht auf

58 G.W.F. Hegel, *Phänomenologie des Geistes*, Stuttgart 1987, S. 31.
59 Martin Heidegger, *Sein und Zeit*, Tübingen 1986, S. 127.

ein Urteil kann sie nur unbeantwortet lassen. Im Gegenteil: Antworten werden für begründeter gehalten, als sie sind. Vom Wahrheitsstreben sich zu entlasten gelingt nur dann, wenn man auf scheinbar wahre Urteile ausweicht. Die kognitive Entlastung setzt das Fürwahrhalten falscher Urteile voraus. Sie gelingt unter der Bedingung, dass an die Stelle von Erkenntnis Urteile treten, die, wenn auch zu Unrecht, für wahr gehalten werden. Wer sich von Erkenntnis entlastet, gibt sich nicht mit fehlenden Antworten, sondern mit einfachen Antworten zufrieden, die er für wahr halten können muss. Dieses Sicheinrichten in einfache Antworten ist ein Merkmal der Simplifikation.

Selbsttäuschungen dienen allgemein dem Versuch, beunruhigende Unübersichtlichkeiten mithilfe von einfachen Antworten zu bannen. Selbsttäuschungen entstehen aber nicht allein aufgrund der wachsenden Komplexität der Welt, sondern erst mit deren Vereinfachung. Mit dem Wegfall autoritativer Deutungshoheiten der Religion und traditionalistischer Ethiken geht ein Verlust sicherer Weltbilder sowie ein zunehmender Legitimationsdruck einher. Auf die wachsende Komplexität wird mit der Restauration vereinfachter Weltbilder reagiert, die ihrerseits vom Legitimationsdruck entlastet. Die kognitive Entlastung ist zunächst nicht verwerflich, sofern sich in ihr ein Interesse an Gewissheit ausdrückt, das von vornherein nicht unvernünftig ist. In Selbsttäuschungen wird das Bedürfnis nach gesichertem Wissen indes voreilig befriedigt. Mit dem Wegfall traditionalistischer Deutungshoheiten wächst dabei nicht nur das emanzipatorische Potential, sich der Lebens- und Weltdeutungen selbst zu vergewissern. Mit dem Legitimationsdruck wächst auch die Neigung, sich von ihm zu entlasten. Die Dialektik der Aufklärung zeigt sich hier darin, dass der Prozess der Aufklärung zunächst eine Selbstbestimmung ermöglicht, die jedoch als Druck wahrgenommen wird, von dem man sich durch Selbsttäuschungen zu entlasten versucht.

Einfache Antworten entlasten davon, Widersprüche in der Welt auszuhalten. Sie haben

> »die gesellschaftliche Funktion: Widersprüche durch Verleugnung zuzudecken. Indem man sich an Daten hält oder deren zeitgenössische Erben, die Protokollsätze, wird das Bewußtsein von dem entlastet, was dem Äußeren widerspricht«[60].

Anstatt Ambivalenzen der modernen Welt anzuerkennen, werden diese handstreichartig aufgelöst mittels politischer Vorstellungen einer Welt, in der das simple Entweder-oder regiert: Komplexe Sachverhalte werden in ›Gut oder Böse‹, ›Freund oder Feind‹, ›Identität oder Fremdheit‹, ›Eliten oder Ahnungslose‹, ›Leistungsträger oder Leistungsempfänger‹ eingeteilt. Jedoch genau diese Vereinfachungen, die, wie es heißt, aus »Freiheit« vorgenommen werden, nimmt Adorno aufs Korn: »Freiheit wäre, nicht zwischen schwarz und weiß zu wählen, sondern aus solcher vorgeschriebenen Wahl herauszutreten.«[61] Anstatt um ein Urteil zu ringen, das den Ambivalenzen moderner Gesellschaften gerecht wird, weicht man auf einfache Antworten aus, die solche Ambivalenzen verdecken. Zur moralischen Urteilsbildung gehört aber, dass man sich nicht im bequemen Weltbild von Schwarz-Weiß-Lösungen häuslich einrichtet. Im Kontrast zu dieser intellektuellen Häuslichkeit entwirft Adorno ein Konzept moralischer Urteilskraft, das er umschreibt als »Moral, nicht bei sich selbst zu Hause zu sein«[62]. Sie stellt die Kraft dar, sich ein eigenes Urteil zu bilden, das man seinerseits wieder auf den Prüfstand stellt.

60 GS 6: 215.
61 GS 4: 150.
62 GS 4: 43.

(3.) Abwehr und Durchlässigkeit: Selbsttäuschungen stabilisieren sich unter zwei Bedingungen: Sie müssen sich erstens gegen Einwände immunisieren und zugleich zweitens für Bestätigungen durchlässig sein. Abwehr und Durchlässigkeit, Immunisierung und Permeabilität, stellen zwei gegenläufige Bewegungen dar, die sich einander ergänzen. Nur im Verbund erschaffen beide Eigenwelten, in denen nicht vorkommen kann, was nicht vorkommen darf.

Wer sich selbst täuscht, muss sich zunächst gegen Zweifel, Argumente und Kritik abschotten, die die vermeintlichen Sicherheiten erschüttern könnten. Für diesen Zweck werden Selbsttäuschungen vor dem Eindringen von störenden Sichtweisen geschützt, insbesondere durch die »Unfähigkeit, wirklich Erfahrungen zu machen«[63]. Man verschließt sich gegen die Meinungen der anderen, gegen fremde Perspektiven und gegen Begegnungen, bei denen man mit Andersdenkenden in Berührung kommen könnte.

Selbsttäuschungen sind zudem selektiv durchlässig für Belege der eigenen Weltsicht. Damit sich epistemische Sicherheiten stabilisieren, müssen sie mit Belegen gefüttert werden, die sie bestätigen. Selbsttäuschungen müssen deshalb durchlässig für ausgewählte Informationen, ungeprüfte Falschmeldungen, fiktive Quellenangaben und Halbwahrheiten sein, die die vermeintlichen Gewissheiten absichern. Die Permeabilität wirkt dabei wie eine Selektion jener Tatsachen, die einem nützen, oder wie ein Filter, der die Belege für die eigene Weltsicht aussiebt. Man immunisiert sich nicht nur gegen Einwände von außen, sondern erhärtet auch die eigenen Vorstellungen durch Bestätigungen von innen.

(4.) Unaufrichtigkeit: Das vierte Merkmal der Selbsttäuschung ist das der Unaufrichtigkeit. Die Selbsttäuschung be-

63 V 12: 80; vgl. GS 7: 57.

trifft nicht nur den Gegenstand, den man nicht wahrhaben will, sondern auch ebendieses Nichtwahrhabenwollen. Der Unaufrichtige hält vor sich verborgen, dass er etwas nicht sehen will. Er glaubt, dass ihm nichts wichtiger als die Wahrheit sei, und verbirgt unter diesem Wahrheitseifer gerade die Tatsache, dass er mehr erkennen könnte, wenn er denn nur wollte. Er ›verbietet sich etwas zu sehen‹ aus Gründen einer vermeintlichen ›Realitätsgerechtigkeit‹[64].

Auf diese Unaufrichtigkeit, die Jean-Paul Sartre als »mauvaise foi«[65] beschreibt, verweist das am Wort ›Selbsttäuschung‹ herausstechende Pronomen ›Selbst‹. Es hat drei Bedeutungen und bezeichnet das Wen, das Wer und das Worüber des Täuschens. Erstens benennt es den Getäuschten: Nicht ein anderer, sondern man selbst wird getäuscht. Zweitens gibt das Selbst den Täuscher an: Die Täuschung geht weder von Umständen noch von anderen Personen, sondern von einem selbst aus. Getäuschter und Täuscher fallen in eins. Der Unaufrichtige selbst ist Akteur der Täuschung, von der er befangen ist. In der Einheit von Getäuschtem und Täuscher drückt sich die Freiheit aus, auf die Selbsttäuschungen zurückgehen. Dass jemand *selbst* sich täuscht, verweist auf eine entscheidungsfähige Person, die nicht aufgrund eines Zwangs oder einer Not getäuscht wird, sondern sich aus freien Stücken selbst täuscht. Drittens betrifft das Pronomen »selbst« die Selbstbeziehung des Täuschers, der seine Tätigkeit und Motive vor sich selbst verhüllt. In der Unaufrichtigkeit wird selbstbezogen das Unaufrichtigsein verborgen. Unaufrichtigkeit erfolgt nicht im Wissen über sie. Sie zeichnet sich vielmehr dadurch aus, dass in ihr etwas verborgen wird und dass gleichzeitig dieses Verbergen selbst verhüllt bleibt.

64 GS 6: 51.
65 Jean-Paul Sartre, *Das Sein und das Nichts*, Reinbek bei Hamburg 1993, S. 119–159.

(5.) Selbstverursachung: Das unverwechselbare Hauptmerkmal der Selbsttäuschung ist schließlich die Selbstverursachung. Vereinfachte Sichtweisen werden nicht durch äußere Umstände, sondern von einem selbst verursacht: Sie gehen insofern wie gesagt auf Freiheit zurück. Dass in Selbsttäuschungen ohne Not oder Zwang mit einfachen Weltbildern vorliebgenommen wird, drückt einen Akt der Freiheit aus. Ihre Freiheit zeigt sich im Verhältnis zur Möglichkeit eines besseren Urteils, das ohne Not oder Zwang zugunsten eines schlechteren preisgegeben wird. Diese Freiheit zeigt sich bei Gleichgültigen, die »ihr Ressentiment gegen das kehren, was sie nicht verstehen wollen, weil sie es allzu gut verstehen könnten«[66]. Sie wird von Adorno mitunter anhand der Lebenslüge beschrieben, die der Arzt Relling in Ibsens *Wildente* pflegt.[67] Ähnlich zeigt sie sich in der Gleichgültigkeit gegenüber dem NS-Unrecht, das man nicht sah, weil man es »um des lieben Friedens willen nicht glauben wollte«[68].

Hinsichtlich dieser Freiheit unterscheiden sich Selbsttäuschungen von Irrtümern und Zwangsvorstellungen. Irrtümer sind durch Unverschuldetheit, Informationsmangel und Irregularität gekennzeichnet: Sie widerfahren insofern unverschuldet, als sie das unbeabsichtigte Verfehlen eines Erkenntnisziels sind. Sie sind Ausdruck eines Informationsmangels (hier also einer Not im Sinne von Mangel), indem der beurteilte Sachverhalt komplexer als angenommen ist. Und sie gehen aus Irregularitäten hervor, insofern eine berechtigte Erwartungshaltung durch unvorhersehbare Ereignisse getäuscht wird.

Bei Zwangsvorstellungen liegen die Dinge anders. Hier ist man sehenden Auges blind aufgrund eines inneren Zwangs,

66 GS 4: 225 f.
67 V 10: 236 f.
68 GS 4: 122.

unter dem Vorstellungen abgewehrt werden, die ein verletztes Selbst bedrohen. Die Ursache für Zwangsvorstellungen liegt in der schützenden Abwehr einer psychischen Realität, die ein intaktes Persönlichkeitsbild gefährden würde. Der Abwehrmechanismus dient dem »Schutz des Ichs«[69], bevor bestimmte Wünsche und Triebansprüche bewusst und dadurch bedrohlich werden.

Im Unterschied dazu gehen Selbsttäuschungen von einer entscheidungsfähigen Person selbst aus, die ohne Not (einschließlich eines Informationsmangels) oder Zwang mit vermeintlichen Gewissheiten vorliebnimmt. Sie gehen auf den Betroffenen selbst zurück: Täuscher und Getäuschte sind miteinander identisch. Trotzdem lassen sie sich nicht auf eine intentionale Absicht zurückführen. Sie haben ihren Ort zwischen der Intentionalität absichtlichen Täuschens (etwa der Lüge oder Intrige) und dem unwillentlichen Erleiden von Irrtümern und Zwangsvorstellungen. Selbsttäuschungen kennzeichnet eine aktive Passivität, mit der wir sie geschehen machen. Kognitive Entlastungen gehen aus Freiheit hervor. Aufgrund dieser Urheberschaft zeichnet man sie für vereinfachte Selbst- und Weltbilder verantwortlich.

So weit zu den Merkmalen der Selbsttäuschung. Die Annahme der Möglichkeit von Selbsttäuschungen ist jedoch in der Philosophie nicht unumstritten. Von der identitätsphilosophischen Tradition von Aristoteles und Kant wird sie verworfen und anstelle dessen der Versuch unternommen, die Freiheit, auf die Selbsttäuschungen zurückgehen, zu widerlegen. Diese Freiheit wird ausgeschlossen durch den Gedanken, dass Vernunft sich selbst verwirklicht. Das Vernunftvermögen kommt hier durch sich selbst und insofern notwendig zur Ausübung.

69 Sigmund Freud, »Hemmung, Symptom und Angst«, in: S. F., *Studienausgabe*, Bd. 6, Frankfurt a. M. 1971, S. 197.

Damit ist die Möglichkeit ausgeschlossen, dass die Vernunftausübung, wie im Fall von Selbsttäuschungen, aus freien Stücken unterbleibt. Dem Vernunftvermögen ist seine Ausübung nämlich als ein inneres Ziel eingeschrieben. Die Vernunftausübung kann deshalb nur durch äußere Umstände gewaltsam blockiert werden. Täuschungen lassen sich demnach *vollständig* als Defekt eines Vermögens erklären, das als Selbstbewegung (Aristoteles) oder Spontaneität (Kant) durch sich selbst zur Ausübung strebt.

Aus diesen Sichtweisen ergibt sich eine Privationstheorie der Täuschung. Täuschungen haben demnach die Form eines Mangels, der durch äußere Umstände verursacht wird. Der Mangel besteht darin, dass die Wirklichkeitsbedingungen fehlen, unter denen sich die Vernunft von selbst verwirklicht.

Selbsttäuschungen stellen dagegen den Fall dar, dass gerade aus Freiheit die Ausübung eines Vernunftvermögens unterbleibt. Es liegen weder Mängel noch andere Umstände vor, die jemanden daran hindern könnten, zur Welt ein offenes Verhältnis einzunehmen und die Dinge so zu sehen, wie sie allem Anschein nach sind. Die Tatsache, dass triviale, voreingenommene und verzerrte Überzeugungen für wahr gehalten werden, ist hier kein Ergebnis von Hindernissen, sondern einer Willensentscheidung. Man hätte besser urteilen können und *will* insoweit sein Urteil für begründeter halten, als es ist. Man gibt sich aus einem freien Entschluss mit einfachen Antworten zufrieden. Selbsttäuschungen gehen aus Freiheit hervor und bilden deshalb eine eigenständige Größe. Weil sie auf Freiheit beruhen, bilden sie eine eigenständige Kraft und sind nicht nur ein Defekt eines Vernunftvermögens. Sie sind Ausdruck nicht eines Mangels, sondern eines Widerspruchs, in dem Selbsttäuschungen und Rationalität sich als eigenständige Kräfte gegenüberstehen und in gegensätzliche Richtungen ziehen. Auf diese Weise wird nicht die Privationstheorie, sondern die

Widerspruchstheorie dem Problem der Selbsttäuschungen gerecht.

Damit wird ersichtlich, in welcher Hinsicht Adorno den kategorischen Imperativ neu bestimmt und sich von Kants Ethik abgrenzt: Die Trennlinie betrifft zwei unterschiedliche Konzepte praktischer Vernunft. Moralphilosophie muss mitunter erklären können, weshalb Personen rational sind und sich als Adressaten moralischer Forderungen erkennen. Insoweit sind beide einer Meinung. Adorno weicht jedoch von Kants Bestimmung der Vernunft als eines Vermögens ab, das sich durch sich selbst verwirklicht. Gleichgültigkeit geht (zumindest teilweise) aus Freiheit hervor und lässt sich deshalb mit Kants Vernunftkonzeption nicht erklären. Denn nach Kant strebt das Vernunftvermögen durch sich selbst und damit notwendig zur Verwirklichung. Nur ungünstige Umstände können es gewaltsam an seiner Ausübung hindern. Laut Adorno bedarf es hingegen einer praktischen Vernunft, die der Gleichgültigkeit und ihrer Freiheit Rechnung trägt. Statt Vernunft, wie bei Kant, als »ein uns Gegebenes«[70] zu begreifen, kommt es darauf an, ihre Genesis zu erklären.

Ein solches Verständnis praktischer Vernunft muss dem Spannungsverhältnis zwischen Freiheit und Notwendigkeit gerecht werden können. Einerseits wird die illusionslose Anerkennung der Freiheit erwartet, mit der sich Gleichgültige von einer Vernunftausübung entlasten. Diese Freiheit ist jedoch keine Willkürfreiheit, beliebig zwischen Gleichgültigkeit oder Rücksichtnahme zu wählen. Eine solche Wahl steht in niemandes Belieben. Deshalb wohnt der praktischen Vernunft andererseits Notwendigkeit inne. Diese Notwendigkeit drückt sich als Macht aus, die die Vernunftausübung über jemandes Freiheit erringt, sich von ihr zu entlasten. Vernunft wird damit

70 V 10: 131; vgl. 136.

als Macht in Anschlag gebracht, die sich gegen die Einstellungen des Gleichgültigen durchsetzt.[71] Sie muss seinen Willen, zu einfachen Antworten Zuflucht zu nehmen, bezwingen. Dafür sind seine Immunisierungsstrategien auszuhebeln, mit denen er sich gegen Argumente, eigene Erfahrungen und Kritik verschließt. Vernunft übt Macht aus, indem sie sich gegen den Willen zur Entlastung durchsetzt. Adorno führt ein entsprechendes Konzept der Vernunft auf den Grundlagen seiner Ästhetik aus, der wir uns im letzten Kapitel widmen werden. Im nächsten Kapitel wird es jedoch zuvor um seine Gesellschaftstheorie gehen.

71 Vgl. zu Adornos machttheoretischem Vernunftbegriff S. 52–54.

III. Gesellschaft

Die moralphilosophischen Überlegungen gingen von Adornos Aphorismus »Asyl für Obdachlose« aus den *Minima Moralia* aus, dem zufolge es kein richtiges Leben im falschen gibt. Auf den Überlegungen zum ›richtigen Leben‹ muss nun eine Untersuchung der Frage nach dem ›falschen Leben‹ folgen.

Zwei Fragen stellen sich: Erstens geht es um eine Bestimmung dessen, was das Leben zu einem falschen macht. Was kennzeichnet das falsche Leben? Adornos kritische Theorie der Gesellschaft richtet sich gegen eine Gesellschaftsordnung, in der sich das Gewinnstreben zum Selbstzweck verselbstständigt. Dieses verselbstständigte Gewinnstreben ist das Merkmal des Kapitalismus. Das falsche Leben steht demnach für die kapitalistische Lebensform ein.

Zunächst wird es also um Adornos Analyse und Kritik des Kapitalismus gehen (1.). Im Mittelpunkt seiner Analyse steht die Logik des Gewinnstrebens, die zu dessen Verselbstständigung führt. In seiner Kritik geht es um die sozialen Pathologien, die von dieser Gewinnlogik erzeugt werden und unter dem Druck einer instrumentalisierenden Verwertbarkeit entstehen. Gleichgültigkeit wird auf dieser gesellschaftlichen Grundlage als eine Gleichgültigkeit gegenüber den sozialen Pathologien näher bestimmbar. Sie äußert sich beispielsweise darin, dass man Kommodifizierungen (also das Umwerten aller Dinge als Ware), Desintegration und Freiheitsverluste nicht wahrnimmt.

Die zweite Frage betrifft die gesellschaftlichen Ursachen für Gleichgültigkeit und untersucht, weshalb der Kapitalismus ein richtiges Leben verhindert. Dafür können wir auf dem zweiten Kapitel aufbauen. Jenes Kapitel hatte ergeben, dass Adorno unter dem richtigen Leben eine moralische Urteilsbildung versteht, deren Ausbleiben er als Gleichgültigkeit beschreibt. Die

Tatsache, dass das falsche Leben ein richtiges ausschließt, ist demnach gleichbedeutend mit der Tatsache, dass der Kapitalismus Gleichgültigkeit erzeugt. Nach der Analyse und Kritik des Kapitalismus schließt sich also die Frage an, warum Gleichgültigkeit insbesondere im Kapitalismus derartig Raum greift. Eine Antwort muss dabei zwei Seiten zusammenführen, die scheinbar unvereinbar sind: Einerseits wird Gleichgültigkeit durch eine kapitalistische Gesellschaftsordnung bewirkt. Andererseits haben die Ausführungen zur Selbsttäuschung ergeben, dass Gleichgültigkeit aus einer Selbstverursachung hervorgeht. Adornos Gesellschaftstheorie und Moralphilosophie müssen also in Einklang miteinander gebracht werden.

Der Schlüssel hierfür liegt in Adornos materialistischer Erkenntnistheorie, die einen Zusammenhang zwischen Gesellschaft und Erkenntnis herstellt (2.). Der Kapitalismus selbst erzeugt einen Schein, der seine sozialen Pathologien verhüllt. Für eine Klärung dieses Sachverhalts verdient seine Theorie des Eigentums besondere Beachtung. Er entwickelt nämlich seinen Gedanken, dass es kein richtiges Leben im falschen gebe, im Kontext einer Eigentumskritik. Dem entsprechenden Aphorismus »Asyl für Obdachlose« aus der *Minima Moralia* zufolge betrifft das falsche Leben eine Gesellschaftsordnung, die ausschließlich auf individuellem Eigentum beruht. Adornos Eigentumskritik zielt dabei nicht auf die Überwindung des Eigentums überhaupt, sondern auf dessen Umformung bzw. Transformation, in der seine Stärken erhalten und seine Schwächen vermieden werden. Gegenstand seiner Kritik ist die Vorherrschaft des individuellen Eigentums, die wenig Raum für gemeinschaftliches Eigentum lässt.

1. Kapitalismus

Bevor etwas beurteilt wird, muss es verstanden werden. Zunächst soll deshalb Adornos Analyse des Kapitalismus behandelt und dessen Logik des Gewinnstrebens beschrieben werden (1.1). Anschließend soll es in einer Rekonstruktion von Adornos Kritik des Kapitalismus darum gehen, die Folgen dieser Logik zu beurteilen (1.2).

1.1 Die Logik des Gewinns

Wirtschaftsordnungen haben idealerweise die Funktion, Menschen dazu in die Lage zu versetzen, sich mit Gütern, Leistungen und Wissen zu versorgen, die für ihre Existenzsicherung und Lebensqualität notwendig sind. Bestimmte Wirtschaftsordnungen zeichnen sich durch Märkte aus, auf denen die Güter, Leistungen und Wissen als Waren getauscht werden. Der Kapitalismus ist eine spezifische Art solcher Marktwirtschaften. Er entstand im Europa der frühen Neuzeit, gelangte zu Beginn des 19. Jahrhunderts in Europa und Nordamerika zum Durchbruch und hat sich später global etabliert.[1] Als Kapitalismus wird eine ökonomische Handlungsweise bezeichnet, in der das Streben nach *Gewinn* oder *Profit* mithilfe bestimmter Maßnahmen zu einer Produktivitätssteigerung führt. Diese produktivitätssteigernden Maßnahmen sind Arbeitsteilung, Spezialisierung, Innovation und die Expansion der Märkte. Um das Gewinnstreben als Kernmerkmal hervorzuheben, verwendet Adorno statt des geläufigen Namens Kapitalismus oftmals die Bezeichnungen »Profitökonomie« oder »Profitwirtschaft«.

Die unverwechselbare Besonderheit des Kapitalismus besteht dabei in der Verselbstständigung des Gewinnstrebens zu

1 Jürgen Kocka, *Geschichte des Kapitalismus*, München 2014.

einem Selbstzweck. Es wird nach einem Gewinn gestrebt, der weder konsumiert noch gespart, sondern genutzt wird, um neuen Gewinn zu erzielen. Diese Verselbstständigung des Gewinns zu einem Selbstzweck wird durch eine bestimmte Logik angetrieben. Diese Logik entfacht eine Dynamik, der sich die Marktakteure nicht entziehen können. Das verselbstständigte Gewinnstreben breitet seine Funktionszwänge zunehmend auf Güter, Leistungen und Wissen aus: Kein Lebensbereich scheint ihm entkommen zu können. Das Gewinnstreben ist im Kapitalismus also nicht bloß eine Kaufmannstugend oder Charaktereigenschaft wie Tüchtigkeit, Gier oder Geiz. Es verselbstständigt sich vielmehr zu einem ›gesellschaftlichen Gesetz‹[2] oder ›Strukturgesetz‹[3]; zu einer unverrückbaren ›zweiten Natur‹[4]. Das Gesetz der Gewinnmaximierung lässt die sozioökonomische Ordnung im Ganzen als verhärteten Zustand und versteinertes Verhältnis erscheinen, das dem Anschein nach unveränderlich ist. Der Kapitalismus erscheint damit als ein unentrinnbares Schicksal, also als jenes Schicksal, in das die Moderne gemäß der Dialektik der Aufklärung umschlägt. Adornos kritische Theorie der Gesellschaft zielt nun darauf, diesen Eindruck eines unumstößlichen Soseins zu erschüttern. Sie greift den Schein der Ohnmacht an, mit der man der vermeintlich ewigen Profitwirtschaft ausgeliefert zu sein scheint. Ihr Fluchtpunkt ist die Hoffnung, dass nicht alles so bleiben muss, wie es geworden ist.

Um ein genaueres Bild von Adornos Kapitalismusanalyse entwickeln zu können, ist es sinnvoll, zwei Arten von Bedingungen voneinander zu unterscheiden, die vom Kapitalismus vorausgesetzt werden. Die erste Art betrifft die Bedingungen,

2 V 15: 246.
3 V 6: 216.
4 V 6: 234–236; V 12: 110.

unter denen überhaupt ein Gewinn entstehen kann (Quellen des Gewinns). Die zweite Art bezieht sich auf jene Bedingungen, unter denen sich das Gewinnstreben zur unbegrenzten Gewinnmaximierung verselbstständigt (Gewinn als Selbstzweck).

(1.) Die Quellen des Gewinns: Gewinn kann nur unter drei Bedingungen erzielt werden. Erstens muss überhaupt ein Wert erzeugt werden, damit er oder ein Teil von ihm als Gewinn abgeschöpft werden kann. Vermögen, Natur oder Arbeit sind verschiedene Ressourcen einer solchen Wertschöpfung. Zweitens muss Eigentum an diesen Ressourcen der Wertschöpfung bestehen. Damit ein Wert als Gewinn in das Eigentum einer Person übergehen kann, muss sie bereits das Eigentum an den Ressourcen halten, aus denen der Wert entsteht. Drittens sind Gewinne leistungslose Zunahmen. Erträge gehen aus Leistungen hervor und sind als solche noch kein Gewinn. Zu einem Gewinn wird ein Ertrag erst dann, wenn er um einen bestimmten Faktor größer ist als ein anderer Ertrag, der aus der gleichen Leistung hervorgeht. Der Gewinn bekommt damit die Größe des bestimmten Faktors, um den der höhere Ertrag größer ist als der niedrigere Ertrag. Ein Gewinn ist demnach derjenige Teil eines Ertrags, der in das Eigentum einer Person übergeht, ohne dass sie eine Leistung für sein Zustandekommen erbracht hat, und zwar auch dann, wenn der andere Teil des Ertrags sich ihrer Leistung verdankt. Vermögen, Natur oder Arbeit sind also drei Ressourcen, deren Eigentum einen leistungslosen Gewinn erzeugen.

(a) Vermögen: Aus Vermögen können ohne Leistung Vermögensgewinne generiert werden. Der leistungslose Gewinn entsteht aus einem bereits bestehenden Eigentum an Vermögen. Vermögensgewinne haben deshalb die Form einer leistungslosen Vermehrung: Aus etwas wird ohne Leistung mehr. Vermögen wird hier durch Marktmechanismen wie

Verzinsung, Erlöse, Renditen, Mieten oder Spekulation ohne eine Leistung seines Eigentümers vermehrt. Die Ungleichheit zwischen Eigentümern von Vermögen und anderen Personen, die über kaum oder kein Vermögen verfügen, widerspricht der Leistungsgerechtigkeit nicht deshalb, weil überhaupt aus Vermögen ein leistungsloser Gewinn erwächst, sondern deshalb, weil Vermögenseigner über ein Eigentum verfügen, das ihnen *im Unterschied zu anderen* das Privileg einräumt, ihr Vermögen ohne Leistungen vermehren zu können.

(b) Natur: Ein Gewinn entsteht dadurch, dass ein Wert in jemandes Eigentum übergeht, an dem zuvor (scheinbar) kein Eigentum bestand. Hier gehen Güter, die niemandes Eigentum waren, in jemandes Eigentum über. Das geschaffene Eigentum wird dabei als Gewinn verbucht. Vor allem die Natur stellt eine solche Ressource dar, die durch Aneignung in jemandes Eigentum übergeht.[5] Der Gewinn wird hier in Form der leistungslosen Aneignung gewonnen: Durch Aneignung werden natürliche Ressourcen, die vorher niemandes Eigentum waren, in jemandes Eigentum überführt. Die Natur birgt Ressourcen (etwa chemische Reaktionen, physikalische Kräfte, Rohstoffe oder Qualitäten wie schöne Landschaften), die für die Produktion von Gütern, Leistungen und Wissen verwertet werden. Dieser Wert für die Produktion wird nicht vom Eigentümer erzeugt, sondern von der Natur. Natürliche Ressourcen besitzen somit einen leistungslosen Wert. Mit dem Eigentum an den natürlichen Ressourcen schöpfen also die Eigentümer den leistungslosen Wert als Gewinn ab.

(c) Arbeit: Die wichtigste Quelle der Wertschöpfung stellt aber die Arbeit dar. Durch Arbeit wird ein Wert geschaffen, der vorher nicht bestand. Derjenige, der einen Wert schöpft, hält

5 Vgl. Karl Marx, *Das Kapital*, Bd. III, in: K. M. / Friedrich Engels, *Werke*, Bd. 25, Berlin 1983, S. 784.

das Eigentum an diesem Wert. Dieses sogenannte »Selbsteigentum« wurde von John Locke als Begriff etabliert:[6] Aus Arbeit entsteht aufgrund der Leistung das Recht auf das Eigentum an den Früchten dieser Arbeit. Ein Gewinn entsteht somit aus der Abschöpfung eines Teils der Früchte der Arbeit, des sogenannten »Mehrwerts« (Marx). Der Gewinn hat hier deshalb die Form einer Enteignung.[7] Eigentümer der Produktionsmittel behalten den ›Mehrwert‹ jener Arbeit, die von anderen geleistet wird, als Gewinn ein. Die Abschöpfung des ›Mehrwerts‹ ist den Eigentümern von Produktionsmitteln nur aufgrund eines Machtvorteils möglich. Wer nicht Eigentum an Produktionsmitteln hält, dem bleibt zur Existenzsicherung einzig die Möglichkeit, seinen Lebensunterhalt durch den Verkauf der eigenen Arbeitskraft zu bestreiten. Arbeitszeit wird gegen Lohn getauscht. Sollte es ein Überangebot an Arbeitskräften geben, können die Eigentümer die Konkurrenz um die wenigen Arbeitsplätze dazu nutzen, diejenigen einzustellen, die sich mit dem geringsten Lohn zufriedengeben.[8] Die Differenz zwischen dem Lohn und dem Beitrag, der durch die Arbeit zur Wertschöpfung tatsächlich geleistet wird, kann somit als leistungsloser Gewinn von den Eigentümern eingestrichen werden.

(2.) Gewinn als Selbstzweck: Im Mittelpunkt der Profitökonomie steht der Gewinn, der um seiner selbst willen erstrebt wird. Das Gewinnstreben verselbstständigt sich zu einem Selbstzweck, der eine unentrinnbare Eigendynamik entwickelt. Seine Verselbstständigung führt dazu, dass alle Markt-

6 John Locke, *Über die Regierung (The Second Treatise of Government)*, übers. von Dorothee Tidow, mit einem Nachwort hrsg. von Peter Cornelius Mayer-Tasch, Stuttgart 1974, Kap. V, S. 21–39.
7 GS 6: 150.
8 V 15: 188, 220.

teilnehmer dem Druck der Gewinnsteigerung unterworfen werden. Marktteilnehmer werden dazu gezwungen, Gewinne um ihrer selbst willen zu erstreben. Die Logik des verselbstständigten Gewinnstrebens entsteht unter sechs Bedingungen.

(a) Effizienz: Der Gewinn umfasst den Überschuss der Produktionserträge, die über die Deckung der Produktionskosten hinaus gewonnen und als ein Mehr abgeschöpft werden können. Der Gewinn setzt somit eine extreme Effizienz der Wertschöpfung voraus, die darin besteht, dass mit minimalem Aufwand maximale Ergebnisse erzielt werden. Er kann nur dann entstehen, wenn der Aufwand für die Produktion von Gütern, Leistungen und Wissen (*input*) möglichst gering und der Ausstoß der Produktion (*output*) möglichst hoch gehalten werden kann.

(b) Wettbewerb: Der Gewinn entsteht unter der Bedingung eines Wettbewerbs um die größtmögliche Effizienz. Der Mechanismus von Angebot und Nachfrage erzeugt einen Wettbewerb um niedrige Preise und Kosten sowie um hohe Produkt- und Leistungsqualität. Sollte das Angebot von Produkten höher als die Nachfrage sein, kann von der Nachfrage nur derjenige profitieren, der die Produkte am effizientesten herstellt. Jeder Konkurrent versucht deshalb, effizienter zu produzieren und dadurch einen Gewinn einzustreichen, der wiederum dazu genutzt werden kann, die Effizienz zu steigern. Somit entsteht ein Wettbewerb um größtmögliche Effizienz. Bei Strafe des Eigentumsverlustes müssen Eigner alle legalen Maßnahmen zur Effizienzsteigerung ergreifen, um im Konkurrenzkampf bestehen zu können. Der Konkurrenzkampf übt somit einen Zwang aus, der den moralischen Handlungsspielraum einschränkt.

(c) Selbstzweck: Der Wettbewerb führt dazu, dass das Streben nach Gewinn sich zu einem Selbstzweck verselbstständigt. Um im Wettbewerb bestehen zu können, muss die Effizienz durch optimierte und innovative Produktionsweisen

und durch die Expansion der Märkte gesichert oder möglichst noch gesteigert werden. Optimierung, Innovationen und Expansion sind jedoch kostenintensiv und bedürfen deshalb hoher Investitionen. Die erforderlichen Investitionen werden durch die reinvestierbaren Gewinne oder durch verzinste Kredite finanziert. Um die erforderlichen Investitionen tätigen zu können, müssen möglichst hohe Gewinne erwirtschaftet werden, die der Reinvestition oder der Tilgung der Kredite samt Zinsen dienen. Gewinne werden also weder konsumiert noch gehortet, sondern fließen in den Prozess der Gewinnerzeugung zurück. Es geht in der Profitwirtschaft also nicht vorrangig darum, Menschen zu ermöglichen, sich die lebensrelevanten Güter, Leistungen und Wissen zu verschaffen. Vielmehr besteht das Ziel darin, einen Gewinn zu erwirtschaften, um mit seiner Hilfe neue Gewinne zu erzielen.

(d) Wachstum: Das verselbstständigte Gewinnstreben zieht unvermeidlich eine Wachstumsdynamik nach sich. Damit der Bestand im Verdrängungswettkampf gesichert wird, müssen Eigner zunehmend ihren Gewinn steigern, der die hohen Kosten von Optimierung, Innovation und Expansion decken kann. Je höher der Gewinn ist, desto mehr kann in die Effizienzsteigerung investiert werden, und umso größer ist damit die Aussicht, im Wettbewerb bestehen zu können. Es liegt dabei in der Logik des Gewinnstrebens, dass es in ihm keine absolute, sondern nur eine relative Grenze gibt. Um im Wettbewerb bestehen zu können, muss jeder danach streben, über mehr Kapital als andere zu verfügen. Jeder Marktakteur versucht deshalb, seinen Konkurrenten hinsichtlich der eigenen Gewinnsteigerung zu überbieten. Diese Überbietungsdynamik ist nach oben hin unbegrenzt und treibt die Wachstumsspirale in die Höhe. Wer das Wachstum nicht auf Dauer stellen kann, der unterliegt im Konkurrenzkampf und verliert letztlich sein Eigentum. Ökonomisches Wachstum dient demnach

wesentlich nicht zur Vermehrung des Besitzes, sondern vor allem dazu, dass man im Wettbewerb den bestehenden Besitz nicht verliert. Das Wachstum wird also nicht von einem Ziel getrieben, das an sich gut ist, sondern davon, dem Sturz in den Abgrund zu entkommen.[9]

(e) Expansion: Die Wachstumsdynamik führt zur unbegrenzten *Expansion* der Märkte. Die bürgerliche Gesellschaft

> »muß, um sich selbst zu erhalten, sich gleichzubleiben, zu ›sein‹, immerwährend sich expandieren, weitergehen, die Grenzen immer weiter hinausrücken, keine respektieren, sich nicht gleich bleiben. Man hat ihr demonstriert, daß sie, sobald sie einen Plafond [eine Decke, flache Ebene] erreicht, nicht länger über nichtkapitalistische Räume außerhalb ihrer selbst verfügt, ihrem Begriff nach sich aufheben müßte«[10].

Bestimmte Absatzmärkte sind ab einem bestimmten Niveau gesättigt. Der Gewinn muss jedoch in Kapital investiert werden, um neuen Gewinn erwirtschaften zu können. Weil der Gewinn jedoch nicht in einen gesättigten Markt investiert werden kann, müssen neue Beschaffungs- und Absatzmärkte erschlossen werden. Daraus folgt eine Expansion auf verschiedenen Ebenen: Erstens werden für das Produkt neue Absatzmärkte oder für kostengünstigere Produktionsbedingungen neue Beschaffungsmärkte in anderen Regionen erschlossen (dies ist der Hauptgrund für eine Globalisierung). Zweitens werden neue Produktarten kreiert, in die investiert werden kann. Aus eben diesem Grunde konnte der Finanzkapitalismus mit seinen neuartigen Finanzprodukten entstehen. Und

9 Vgl. zu dieser Diagnose: Hartmut Rosa, *Resonanz. Eine Soziologie der Weltbeziehung*, Berlin 2016.

10 GS 6: 37; vgl. 155; V 15: 72.

drittens werden durch ›Reklame‹ Bedürfnisse nach neuen Produkten geweckt. Dabei kommt dem Kapitalismus die Fähigkeit zugute, Bedürfnisse zu erzeugen, die er auch selbst befriedigen kann. Deshalb ist der Konsum der Herzschrittmacher der Profitwirtschaft und stoßen Appelle zum Konsumverzicht auf strukturelle Grenzen.[11] Adorno unterscheidet dabei zwischen wahren und falschen Bedürfnissen. Zu Letzteren zählen Bedürfnisse, die nur deshalb geweckt werden, damit für ihre Befriedigung Produkte verbraucht werden, deren Konsum gewinnsteigernd ist.

1.2 Soziale Pathologien

Die Dialektik der Aufklärung bringt eine für die Moderne unverwechselbare Ambivalenz zum Ausdruck. Die Moderne ist weder nur Fortschritts- noch nur Verfallsgeschichte, sondern sie ist beides in einem.[12] Auf der einen Seite resultieren aus ihr unbestreitbare Freiheitsgewinne und Wohlstandssteigerungen. Auf der anderen Seite ist dieser Fortschritt mit zunehmenden Freiheitsverlusten und Glückseinbußen erkauft. Die Profitökonomie verkörpert geradezu diese Ambivalenz. Sie wird im Aphorismus »Asyl für Obdachlose« am Leitfaden des Eigentums beschrieben, das Fluch und Segen zugleich ist. Einerseits werden in modernen Gesellschaften Freiheitsrechte zunehmend über Eigentumsrechte gesichert. Andererseits befördern eigentumsbasierte Gesellschaften Gleichgültigkeit. Die janusköpfige Erscheinung der Profitwirtschaft macht eine Form der Kritik erforderlich, die beiden Seiten Rechnung trägt. Eine Kritik des Kapitalismus, die dessen Stärken leugnet, vereinfacht die Dinge ebenso stark wie blinde Gefolgschaft gegen-

11 V 12: 71.
12 V 6: 111–113.

über dem Kapitalismus, die dessen Schwächen übersieht. Den Kapitalismus zeichnen laut Adorno vier Stärken aus:

(1.) Wohlstand: Aus Tätigkeiten des individuellen Eigennutzes erwächst ein gesellschaftlicher Wohlstand, der allen zu Gute kommt. Um den Wohlstand aller Mitbürger*innen also zu mehren, bedarf es nicht der anspruchsvollen moralischen Voraussetzung, dass das Gemeinwohl die Zielvorgabe des individuellen Handelns ist. Vielmehr reicht, so die Einsicht von Adam Smith, das individuelle Gewinnstreben dazu aus, um einen gesellschaftlichen Reichtum zu erzeugen.[13] Wie ungerecht der Markt auch sein mag: Er allein sorgt dafür, dass es überhaupt etwas zu verteilen gibt. Der Kapitalismus vermag somit auch denjenigen einen Wohlstand in Aussicht zu stellen, denen Wohlstand bisher vorenthalten blieb. Er treibt einen Fortschritt des Wohlstandes an, der die materiellen Lebensbedingungen anhebt, Not überwindet, Gesundheitsstandards verbessert, Lebenszeit verlängert und Wahlmöglichkeiten steigert. Mit dem fortschreitenden Wohlstand trägt der Kapitalismus auch zur Pazifizierung von Gesellschaften bei, indem zumindest der großen Mehrheit eine gesicherte Existenz ermöglicht wird.

(2.) Stabilität: Der Kapitalismus weist eine hohe Flexibilität und Anpassungsfähigkeit auf. Deshalb scheint er sich trotz historischer und kultureller Unterschiede in jeder Gesellschaft durchzusetzen. Diese Stabilität verdankt er seiner Fähigkeit, die nötigen Bedingungen selbst erzeugen zu können. Er schafft seine eigenen Voraussetzungen, indem er insbesondere reinvestierbares Kapital erzeugt. Auch vermag er bestimmte Bedürfnisse zu wecken, die von ihm unmittelbar befriedigt werden. Trotz zyklischer Krisen ist der Kapitalismus deshalb in der Lage, sich stets neu zu festigen.

(3.) Effizienz: Der Kapitalismus zeichnet sich durch eine un-

13 Adam Smith, *Der Wohlstand der Nationen*, München 2001.

widerstehliche Effizienz aus, mit minimalem Aufwand maximale Ergebnisse zu erzielen. Das entscheidende Instrument für die Effizienz besteht im Mechanismus von Angebot und Nachfrage. Angebot und Nachfrage erzeugen eine Konkurrenz hinsichtlich niedriger Preise und Kosten sowie hoher Produkt- und Leistungsqualität. Der Kapitalismus besitzt deshalb die Fähigkeit, schneller als Planwirtschaften auf veränderte Bedürfnisse einzugehen. Außerdem spornt der Angebot-Nachfrage-Mechanismus zu einem Wettbewerb an, in dem Eigenverantwortung, Risikobereitschaft und Anreize zur individuellen Verbesserung handlungsleitende Motive darstellen. Eigenverantwortung, Risikobereitschaft und Verbesserungsanreize wirken wiederum als Antriebskräfte, die die Effizienzsteigerungen und den Innovationsfortschritt vorantreiben.

(4.) Innovation: Der Kapitalismus besitzt eine unvergleichliche Kraft zur Innovation. Der Effizienzdruck entfesselt eine Dynamik der technischen Entwicklung und des wissenschaftlichen Fortschritts. Die Antriebskraft für die Innovationsschübe besteht im Wettbewerb, in dem nur derjenige bestehen kann, der dank der besten Innovation die größte Effizienz und damit einen Gewinn erzielt.

Die gleiche Gesellschaftsordnung, die diese Vorzüge hervorbringt, ›beschädigt‹ zugleich das Leben, um Adornos Begriff aus dem Untertitel des *Minima Moralia* »Reflexionen aus dem beschädigten Leben« zu verwenden. Solche Schäden lassen sich als *soziale Pathologien* beschreiben, die den Betroffenen durch die Profitökonomie zugefügt werden. Sie sind das Ergebnis der Verselbstständigung, denn die »institutionelle Verselbstständigung des vom Menschen Gemachten« wendet sich »gegen die Menschen«.[14]

Adornos Kritik am Kapitalismus geht dabei über eine funk-

14 V15: 140.

tionale Kritik hinaus. Eine funktionale Kritik beanstandet lediglich die fehlenden Bedingungen, unter denen eine Wirtschaft floriert, und behandelt beispielsweise die Frage, ob eher eine Regulierung oder eine Deregulierung der Märkte für Wachstum sorgt. Ebenso wenig beschränkt sich Adorno auf eine moralische Kritik, die niedrige Löhne, unwürdige Arbeitsbedingungen und Verbrauchertäuschungen aufs Korn nimmt. Seine immanente Kritik richtet sich vielmehr gegen das Prinzip des verselbstständigten Gewinnstrebens selbst, das die Ursache für soziale Pathologien ist.

Soziale Pathologien sind laut Adorno die Folge einer entfesselten Verwertungslogik. Das verselbstständigte Gewinnstreben führt dazu, dass Güter, Leistungen und Bedürfnisse zunehmend unter den Druck ihrer »Verwertbarkeit«[15] geraten. Von ihnen wird alles Verwertbare abgefiltert, das der Gewinnmaximierung nützt. Sie dienen somit allein als Mittel für das Gewinnstreben. Das Gewinnstreben verselbstständigt sich also zu einem Selbstzweck, dem Güter, Leistungen und Bedürfnisse nur noch instrumentell als Mittel dienen.

Adornos Begriff der instrumentellen Vernunft oder Zweckrationalität bezieht sich genau auf diese Verwertungslogik. Seine Kritik an der Totalität oder Ganzheit (»Das Ganze ist das Unwahre«[16]) hebt hervor, dass der jeweilige Eigenwert von Gütern, Leistungen und Bedürfnissen jeweils der Verwertungslogik anheimfällt. Die übergreifende Verwertungslogik wird von Adorno gelegentlich als ein Zusammenhang von Verdinglichung und Vergessen beschrieben. »Alle Verdinglichung ist ein Vergessen.«[17] Schon im Brief vom 29. Februar 1940 an Walter Benjamin findet sich bei ihm dieses Motiv:

15 GS 4: 223.
16 GS 4: 55.
17 GS 3: 263.

»Denn alle Verdinglichung ist ein Vergessen: Objekte werden dinghaft im Augenblick, wo sie festgehalten sind, ohne in allen ihren Stücken aktuell gegenwärtig zu sein: wo etwas von ihnen vergessen ist.«[18]

Als totale Vernunft greift die Verwertungslogik auf Bereiche über, die sich ihr eigentlich entziehen und nicht die Funktion haben, als Mittel zur Gewinnsteigerung zu dienen. Ihre Totalisierung führt dazu, dass zunehmend mehr Güter, Leistungen und Bedürfnisse nur noch hinsichtlich ihrer Verwertbarkeit wahrgenommen werden.

Diese Verwertungslogik führt zu fünf sozialen Pathologien.

(1.) Kommodifizierung: Der Kapitalismus tendiert zu einer Kommodifizierung der Lebensform, in der Ressourcen, Ziele, Chancen und Funktionen zur Ware werden.[19] Zur Ware wird etwas, wenn es auf einem Markt gegen andere Waren getauscht werden kann. Die Tauschbarkeit (Adorno spricht auch von ›Fungibilität‹) setzt dabei ein einheitliches Maß voraus, das die Waren miteinander vergleichbar macht. Diese Maßeinheit ist der Tauschwert, der durch Angebot und Nachfrage beziffert wird. Der Tauschwert konkretisiert, präzisiert und universalisiert sich wiederum in Gestalt von Geld. Geld ist der Wertspeicher, das präzise Messinstrument und das »Universaläquivalent« (Marx), das alles mit allem vergleichbar macht.

Soziale Pathologien entstehen, wenn der Tauschwert in den Sog der Verwertungslogik gerät. Der Tauschwert wird dann zum alles bestimmenden Tausch*prinzip*, das deshalb im Mittelpunkt von Adornos Kapitalismuskritik steht:

18 B 1: 417.
19 GS 4: 259–261.

»Der totale Zusammenhang hat die Gestalt, daß alle dem Tauschgesetz sich unterwerfen müssen, wenn sie nicht zugrunde gehen wollen, gleichgültig, ob sie subjektiv von einem ›Profitmotiv‹ geleitet werden oder nicht.«[20]

Die Deformation besteht darin, dass der Wert von etwas auf seinen bloßen Tauschwert reduziert wird. Er erschöpft sich in seinem Wert als Ware. Das Tauschprinzip wirkt damit als ein ›Allgemeines‹, das jedwedes ›Individuelle‹ ausschließt. Denn wenn sich etwas in seinem Tauschwert erschöpft, dann wird von jeder Besonderheit abstrahiert, die sich dem Vergleich mit anderen Waren entzieht. Besonderheiten, die sich nicht in einen Tauschwert übersetzen lassen, zählen nicht.

Der ökonomische Tauschwert spiegelt in den meisten Fällen nur unzureichend den Wert einer Leistung oder eines Guts wider. Beispielsweise deckt der Tauschwert in der Lohnfindung nicht den sozialen Wert ab, der einer Tätigkeit wie Pflege- und Erziehungsberufe beigemessen wird. Genauso wenig bleibt die Sinnhaftigkeit einer Tätigkeit unberücksichtigt. Auch der Wert von natürlichen Ressourcen geht in dem Tauschwert nicht auf, der sich nach der kurzfristigen Verwertbarkeit, nicht aber der Nachhaltigkeit bemisst. Nehmen Personen ihre Arbeitszeit nur als Ware wahr, die sie zum Zweck des Lebensunterhalts gegen einen Lohn eintauschen, dann neigen sie dazu, ihre Handlungen und Ziele vorrangig am Maßstab der Verwertungslogik zu beurteilen. Lebenszeitplanungen – wie Berufswünsche, Familienplanung und Bildungsziele – und Persönlichkeitsbilder werden nach Maßgabe ihrer direkten oder indirekten Verwertung gestaltet. Das ganze Leben solle »wie Beruf aussehen und durch solche Ähnlichkeit verbergen, was noch nicht unmittelbar dem Erwerb gewidmet

20 GS 8: 14; vgl. GS 6: 34, 149–151; V 6: 145–147; V 15: 57–63.

ist«[21]. Das Persönlichkeitsbild wird somit vorwiegend durch die eigene Leistungsfähigkeit geprägt und durch bestimmte Statussymbole ausgemalt, die nach außen und innen hin die jeweilige Leistungsfähigkeit widerspiegeln. Soziale Beziehungen und sonstige Eigenschaften eines guten Lebens, die sich nicht in der Leistungsbilanz verrechnen lassen, bleiben in der Wertschätzung unberücksichtigt.

(2.) Individuelles Eigentum: Im Kapitalismus besitzt das individuelle Eigentum einen alles bestimmenden Vorrang, weil Marktakteure für ihre Leistung, Eigenverantwortung und Risikobereitschaft mit der eigentumsrechtlichen Durchsetzung von privaten Gewinnansprüchen belohnt werden. »Gerade als Absolutes ist das Individuum bloße Reflexionsform der Eigentumsverhältnisse.«[22] Drei Arten von Eigentum sind voneinander zu unterscheiden, nämlich individuelles, gemeinschaftliches und öffentliches Eigentum. Individuelles Eigentum gehört einer Einzelperson, gemeinschaftliches Eigentum hingegen einer Gemeinschaft. Beide sind Formen des Privateigentums, da sie nicht dem Staat gehören, der demgegenüber öffentliches Eigentum hält. Wenn jegliches Eigentum auf individuelles Eigentum reduziert wird, dann wird die Wertschätzung und Erzeugung von sozialem oder öffentlichem Eigentum erschwert oder gar verhindert. Individuelles Eigentum an natürlichen Ressourcen wie z. B. Wasser, Tieren oder Rohstoffen lädt zudem zur Verschwendung und zum Raubbau ein. Auch führt die Vorherrschaft von individuellem Eigentum zur Externalisierung der Kosten: Gewinne werden privatisiert und Verluste sozialisiert. Auf diese Weise werden beispielsweise die Kosten für den Umwelt- und Klimaschutz oder für die Schadensbegrenzung von marktbedingten Ungleichheiten

21 GS 4: 157, vgl. 154, 178.
22 GS 4: 175.

öffentlichen Haushalten aufgebürdet. Schließlich begünstigt individuelles Eigentum eine Konzentration von Eigentum, die die demokratische Selbstbestimmung von Bürgerinnen und Bürgern aushöhlt. In Gesellschaften mit hochkonzentriertem Vermögenseigentum üben Eigentümer trotz der formalen Chancengleichheit und der formalen Gleichheit politischer Rechte einen größeren informellen Einfluss auf den politischen Prozess aus als Bürgerinnen und Bürger, die über wenig oder kein Vermögen verfügen. Die ökonomische Ungleichheit der Eigentumsteilhabe untergräbt somit die politische Idee einer demokratischen Gesellschaft von Freien und Gleichen.

(3.) Freiheitsverlust: Ähnlich, wie der Kapitalismus zu einem Gewinn von Freiheiten (und dabei vor allem von Wahlfreiheiten) führt, erzeugt er Unfreiheiten. Freiheiten nehmen um den Preis neuer Zwänge zu und erweisen sich somit als »Schein«.[23] Vertragsfreiheiten sind beispielsweise für Beschäftigte nur formale Freiheiten. Die Notwendigkeit, seinen Lebensunterhalt zu erwerben, zwingt dazu, eine Erwerbstätigkeit auch unter Arbeitsbedingungen aufzunehmen, denen niemand aus freien Stücken zustimmen würde.[24] So wird die Arbeit zwar qualifizierter, aber auch zunehmend fragmentiert (Kurz- und Teilzeitarbeit, prekäre Beschäftigungsverhältnisse), intensiviert (Burn-out, Erschöpfung) und diszipliniert (verinnerlichte Leistungsmaßstäbe). Auch schmälert die Konkurrenz auf dem Arbeitsmarkt den Entscheidungsspielraum und die Macht der Beschäftigten. Der Arbeitsmarkt eröffnet zudem nicht nur die Aussicht auf einen Aufstieg, sondern schürt ebenso die Angst vor einem Abstieg.[25] Solche Verlustängste und Unsicherheiten lähmen den freien Willen. Am

23 V 12: 116.
24 V 12: 96 f.
25 GS 4: 221.

Ende müssen auch Einbußen der politischen Freiheit hingenommen werden: Die bereits genannte Konzentration von individuellem Eigentum lässt die politische Selbstbestimmung auf den formalen Wahlakt zusammenschmelzen.

(4.) Desintegration: Unter Verwertungsdruck übernehmen Personen zunehmend auch außerhalb der Marktsphäre die Rolle von Marktteilnehmern und vernachlässigen soziale Rollen, in denen sie sich als Mitglieder einer Solidargemeinschaft begegnen könnten. Diese Desintegration lässt das soziale Beziehungsgeflecht zur instrumentellen Kooperation verkümmern, in der die Beteiligten nicht füreinander, sondern nur miteinander handeln, um gemeinsam bestimmte Zielsetzungen zu verwirklichen.[26] Zudem werden soziale Kontakte teilweise nach Maßgabe ihrer Verwertbarkeit gestaltet, je nachdem, ob sie Vorteile fürs eigene Vorankommen oder Nachteile für Konkurrenten in Aussicht stellen.[27] Nach Adorno geht deshalb Desintegration Hand in Hand mit einem Individualitätsverlust. Marktteilnehmer verfolgen zwar individuelle Interessen. Diese Interessen werden einander aber immer ähnlicher. Sie vereinheitlichen sich, indem sie durch Mechanismen wie Reklame, Konsumanreize oder Moden erzeugt werden, die neue Märkte schaffen sollen.

(5.) Kognitive Verzerrungen: Unter dem Druck der Verwertungslogik werden kognitive Einstellungen ge- und verformt. Der Druck fördert die Neigung, dass man die eigenen Einstellungen den gesellschaftlichen Bedingungen anpasst. Diese ›Anpassung‹ führt dazu, dass soziale Pathologien nicht wahrgenommen werden. »Anpassung tritt [...] anstelle von Bewusstsein.«[28]

26 GS 4: 44–46; V 12: 62–64.
27 GS 4: 149.
28 GS 10/1: 343; vgl. GS 4: 27, 71; GS 8: 18; V 6: 178.

Sie lässt sich indes nicht mit der gewöhnlichen Neigung erklären, dass man seine Erwartungen den jeweiligen Umständen angleicht. Kognitive Einstellungen werden vielmehr auf zwei Arten verzerrt. Zum einen leisten bestimmte Eigenschaften der Profitökonomie (insbesondere das Eigentum) Selbsttäuschungen Vorschub.[29] Zum anderen lässt die Zweckrationalität die Quellen versiegen, aus denen sich wahrheitsfähige Erkenntnis speist.[30] Beide Arten werden im Folgenden untersucht.

2. Gesellschafts- und Erkenntniskritik

Gesellschafts- und Erkenntniskritik bilden bei Adorno zwei Seiten derselben Medaille. »Kritik an der Gesellschaft ist Erkenntniskritik und umgekehrt.«[31] Mit dieser wechselseitigen Verknüpfung wird zweierlei zum Ausdruck gebracht: Die eine Seite der Medaille ist, dass die Kritik des Kapitalismus eine Kritik der Erkenntnis mit einschließt. Ohne kritische Berücksichtigung kognitiver Einstellungen, Fähigkeiten und Haltungen wäre es unerklärlich, weshalb sich der Kapitalismus mit unnachahmlicher Wucht derart etablieren konnte. Wenn der Kapitalismus also tatsächlich Pathologien verursacht, dann müsste seine schädigende Wirkung eigentlich ein Grund dafür sein, ihn zu meiden. Seine unwiderstehliche Anziehungskraft speist sich aber mitunter daraus, dass von den Betroffenen seine Vorteile erkannt und seine Nachteile verkannt werden. In ihm werden soziale Pathologien nicht *als* Pathologien wahrgenommen.[32] An-

29 Siehe S. 147–149.
30 Siehe S. 166 f.
31 GS 10/2: 748.
32 GS 4: 220 f.; V 6: 163 f., 242.

sonsten würde er auf entschiedene Ablehnung stoßen, gegen die er sich schwerlich durchgesetzt hätte und schwerlich in Zukunft durchsetzen könnte. Er vermag seine Überzeugungskraft nur aufgrund einer Erkenntnisform zu entfalten, in der vor allem die Gewinne wahrgenommen werden und man sich hingegen blind für die Pathologien zeigt. Diese Erkenntnisform ist mit einem *Schein* behaftet, der die Pathologien des Kapitalismus verstellt. Gesellschaftskritik muss deshalb eine solche scheinhafte Erkenntnisform ins Visier nehmen.

Adornos materialistische Erkenntnistheorie setzt sich von drei Deutungen des Scheins ab: Der Schein, um den es Adorno geht, unterscheidet sich erstens vom Irrtum, der trotz bester Absichten unwillkürlich unterläuft. Irrtümer werden durch Aufklärung ausgeräumt. Der Schein wird jedoch nicht durch einen Mangel an Aufklärung, sondern durch ihren Umschlag ins Gegenteil erzeugt, nämlich durch den Rückfall in eben diesen.

Zweitens lässt der Schein sich nicht als Zwangsvorstellung erklären. Pathologien werden normalerweise aus dem Grunde verdrängt, weil sie ein intaktes Persönlichkeitsbild gefährden. Hiergegen wendet Adorno in seiner Psychologiekritik ein, dass sich der Wunsch nach Eigentum, Konsum und Gewinn aber nicht als Sublimation eines vorenthaltenen Persönlichkeitsbilds erklären lässt. Denn auf diese Weise würde dem subjektiven Anteil, den die Betroffenen an ihrer scheinhaften Erkenntnis haben, nicht Rechnung getragen.

Drittens greift die Leugnung des Scheins fehl, der zufolge die Pathologien des Kapitalismus allen jederzeit bewusst sind und um seiner Vorteile billigend in Kauf genommen werden. Ein Leben mit seinen Pathologien sei nun einmal besser als ein Leben ohne seine Vorteile. Diese Deutung verharmlost jedoch die sozialen Pathologien. Zudem bleibt sie eine Antwort auf die Frage nach dem eigentlichen Grund schuldig, der die Erfolgsgeschichte des Kapitalismus erklären könnte.[33]

Und zur anderen Seite der Medaille: Adornos Verknüpfung von Erkenntnis- und Gesellschaftskritik bringt zum Ausdruck, dass »umgekehrt« Erkenntniskritik nur im Verbund mit Gesellschaftskritik gelingt. Denn der Schein, der die sozialen Pathologien verhüllt, wird von der Gesellschaftsordnung selbst miterzeugt. Der Gesellschaftsordnung wohnt das Vermögen inne, ihre Pathologien zu verstellen. Adorno vertritt damit also eine materialistische Erkenntnistheorie, der zufolge die Erkenntnis durch ihren sozioökonomischen Kontext beeinflusst wird. Die Profitökonomie entwickelt aus eigener Kraft den Schein, der ihre Pathologien verbirgt. Als solcher ist er ein ›gesellschaftlich notwendiger Schein‹[34] oder ein ›notwendig falsches Bewusstsein‹[35]. ›Ideologie‹ sei dabei, wie Adorno insbesondere in seiner Vorlesung *Philosophie und Soziologie* von 1960 ausführt, nur ein anderer Begriff für den gesellschaftlich notwendigen Schein.[36]

2.1 Gesellschaftlicher Schein

Wichtige Vorläufer für Adornos Theorie des gesellschaftlich notwendigen Scheins sind Kant[37] und Marx[38]. Der Gedanke eines *notwendigen* Scheins wird von Kant in der transzendentalen Dialektik seiner *Kritik der reinen Vernunft* ausgeführt. In Bezug auf Ideen wie die der Freiheit neigt das menschliche Erkenntnisvermögen selbst zu einem Dogmatismus, in dem be-

33 Siehe S. 146 f.
34 GS 6: 46.
35 GS 6: 190.
36 Vgl. GS 6: 198; GS 7: 346; GS 8: 17.
37 GS 6: 374–386.
38 GS 6: 190.

stimmte Aussagen über Freiheit fälschlicherweise für wahr gehalten werden. Wahrheitsfähige Erkenntnis ist auf empirisches Wissen beschränkt und setzt zugleich solche Ideen voraus, die nicht empirisch erkannt werden können. Bei der Erkenntnis dieser transzendentalen Ideen neigt also das Erkenntnisvermögen selbst zum Schein, der sich nur durch die präzise Unterscheidung zwischen der empirischen und der intelligiblen Welt vermeiden lässt.

Marx nun bettet den notwendigen Schein in eine materialistische Grundlage ein: Der Schein ist deshalb ein *gesellschaftlich* notwendiger Schein, weil er durch das Tauschprinzip erzeugt wird. Sachen, die in gesellschaftlichen Interaktionen produziert werden, nehmen auf dem Markt die Gestalt von Waren an. Die Warenform selbst lässt Waren dabei als etwas erscheinen, das unabhängig von den gesellschaftlichen Interaktionen besteht. Marx beschränkt sich im Fetischismus-Kapitel aus *Das Kapital* darauf, die von der Warenform geleistete Abstraktion in einem äußert literarischen Stil metaphorisch zu beschreiben. Eine schlüssige Erklärung, weshalb der Schein gesellschaftlich notwendig erzeugt wird, gibt er indessen nicht. Die Marx'sche Annahme eines gesellschaftlich notwendigen Scheins wird von Adorno weiterentwickelt, indem er eine Theorie über ihren Grund ausarbeitet.[39] Adorno beansprucht zu erklären, weshalb ein Schein erstens gesellschaftlich und zweitens notwendig erzeugt wird.

In Bezug auf die *gesellschaftliche* Genese des Scheins grenzt Adorno seine Deutung von zwei Positionen ab:

Erstens setzt er sic von der Widerspiegelungstheorie ab, die von Friedrich Engels vertreten wurde. Demnach bildet das Bewusstsein den materiellen Unterbau ab. Der Grund für ein falsches Bewusstsein ist die sozioökonomische Funktion, die von

39 Ebd.

der entsprechenden Person in der Gesellschaft ausgeübt wird. Die jeweilige sozioökonomische Funktion prägt mithin das entsprechende Klassenbewusstsein. Demzufolge bildet das bürgerliche Bewusstsein die gesellschaftliche Rolle der Eigentümer ab, während sich im proletarischen Bewusstsein die gesellschaftliche Rolle der eigentumslosen Erwerbstätigen widerspiegelt. Personen können dabei keine anderen Überzeugungen vertreten, als es ihre Stellung in der Gesellschaft zulässt. Entsprechend stehen somit auch die Methoden, Ziele und Ergebnisse der Wissenschaft unter Ideologieverdacht, weil sie von Personen und Institutionen in einer privateigentumbasierten Gesellschaft zum Zweck der wirtschaftlichen Effizienzsteigerung betrieben wird. Auch philosophische Theorien lassen sich, wie Georg Lukács in *Geschichte und Klassenbewusstsein* darlegt, aus wirtschaftlichen Produktionsverhältnissen ableiten. Und schließlich wird die Rechtsprechung als Herrschaftsjustiz entlarvt, die die bürgerliche Eigentumsordnung zu erhalten dient.

Zweitens zieht er eine Grenze gegenüber Karl Mannheims Wissenssoziologie.[40] Der Grund des falschen Bewusstseins ist bei diesem das jeweilige Interesse einer Person oder Gruppe, die einer bestimmten sozialen Schicht angehört. Für wahr wird gehalten, was dem eigenen Interesse dient. So werden von Eigentümern Gerechtigkeitsvorstellungen vertreten, die ihren Besitzstand zu sichern helfen. Interessengeleitete Überzeugungen haben dabei einen subjektiven Charakter. Während sozioökonomische Funktionen Eigenschafen der Gesellschaftsordnung sind, werden schichtspezifische Interessen durch ein subjektives Nutzenkalkül bestimmt, dem zufolge für wahr gehalten wird, was vom Vorteil für eine Person oder Gruppe ist.

40 GS 6: 198.

Adorno gesteht nun Mannheims Ansatz zwar zu, dass sozioökonomische Funktionen und Selbstinteressen Überzeugungen mitprägen können. Er wendet sich jedoch gegen eine »bloße Reduktion auf gesellschaftliche Verhältnisse«[41] und bestreitet, dass funktional geprägte Selbstinteressen eine angemessene Erklärung dafür geben, dass Gesellschaften ihre Pathologien verhüllen. Entsprechend der Widerspiegelungstheorie sind Personen bloß gesellschaftliche Produkte, ohne dass ihnen die Freiheit zukommt, sich selbst zu formen. Gemäß der Wissenssoziologie werden mentale Einstellungen hingegen bloß von Personen gebildet, indem sie sich an interessenspezifischen Nutzenkalkülen orientieren. Geht nach der Widerspiegelungstheorie die Notwendigkeit allein aus den objektiven Verhältnissen hervor, so nach der Wissenssoziologie allein aus den subjektiven, wenn auch schichttypischen Interessen der Personen.

Adorno versucht nun, beide Einseitigkeiten zu unterlaufen. Er berücksichtigt sowohl die objektiven Anteile der Gesellschaft als auch die subjektiven Anteile der Personen, die dazu beitragen, dass ein Schein, der die sozialen Pathologien verhüllt, notwendig entsteht. Notwendigkeit bedeutet hier erstens die Macht des Scheins: Der Schein kann die Einstellungen einer Person beherrschen. Es steht also nicht im Belieben einer Person, vom Schein befangen oder nicht befangen zu sein. Vielmehr kann er eine Person gegen ihre Absichten fest im Griff halten. Zweitens (und dies ist entscheidend) nimmt Notwendigkeit die Gestalt einer »Tendenz« an.[42] Der Schein entsteht nicht zufällig, sondern aus Notwendigkeit. Allerdings unterscheidet sich diese Notwendigkeit von der eines Gesetzes. Der Schein entsteht also nicht nach einer strikten Gesetz-

41 V 6: 144.
42 V 12: 37–40, 48, 198; V 15: 246.

mäßigkeit zwangsläufig, sondern gemäß einer Tendenz. Vom Gesetz unterscheidet die Tendenz, dass sie ein Freiheitsmoment mit einschließt. Aufgrund der personalen Freiheit besteht lediglich eine Tendenz dazu, dass die Einstellungen einer Person von einem gesellschaftlich erzeugten Schein beherrscht werden kann. Zwar bemächtigt er sich ihrer, dies geschieht jedoch nicht unvermeidlich.

Adornos Theorie des gesellschaftlichen Scheins bringt damit zwei schwer vereinbare Seiten in Einklang miteinander: Sie führt erstens Ethik und Gesellschaftstheorie zusammen. Moralische Autonomie und gesellschaftliche Determination greifen hier ineinander. Personen zeichnen aufgrund der moralischen Autonomie für ihre Handlungen verantwortlich. Sie sind also auch für ihre Selbsttäuschungen verantwortlich, weil sie nämlich aus Freiheit an einfachen Antworten festhalten. Zugleich werden zweitens ihre Einstellungen von der jeweiligen Gesellschaftsordnung mitbestimmt. Adornos Theorie des gesellschaftlichen Scheins führt nun beides zusammen, also die moralische Verantwortung für Selbsttäuschungen und die gesellschaftliche Formationskraft, die das Gedeihen von Selbsttäuschungen fördert.

Auf der einen Seite wird der Tatsache von Selbsttäuschung und damit von Freiheit Rechnung getragen, mit der eine positive Beurteilung des Kapitalismus für begründeter gehalten wird, als sie ist. Aus freien Stücken werden seine Vorzüge gesehen und seine Nachteile übersehen. Ohne solche Selbsttäuschung würden seine Pathologien nicht verborgen bleiben und würde er nicht die Attraktivität besitzen, die unwiderstehlich für ihn einnimmt. Die Gleichgültigkeit gegenüber den sozialen Pathologien geht insoweit auf Freiheit zurück. Durch dieses Freiheitsmoment unterscheidet sich die Tendenz zum Schein von einer strikten Determination, der zufolge (ähnlich wie in Engels Widerspiegelungstheorie) der Geist nichts anderes als das Produkt gesellschaftlicher Bedingungen darstellt. Zum gesellschaftlich notwendigen Schein besteht eben nur eine Tendenz, weil es letztlich in jedes eigener Hand liegt, ob man die sozialen Pathologien wahrnehmen will oder nicht.

Auf der anderen Seite befördert die Profitökonomie, dass Selbsttäuschungen entstehen. Selbsttäuschungen fallen in einer von Profitökonomie geprägten Gesellschaft auf besonders günstigen Boden. Der Kapitalismus setzt bestimmte Anreize dafür, dass man sich etwas über seine Pathologien vormacht. Er gibt Selbsttäuschungen Auftrieb und bewirkt damit, dass er für attraktiver gehalten wird, als er ist. Der Schein nimmt zwar die Gestalt von Selbsttäuschungen an, die aus Freiheit hervorgehen. Als gesellschaftlich notwendiger beruht er indes auf sozioökonomische Rahmenbedingungen, die das Gedeihen von Selbsttäuschungen unterstützen. Eine Tendenz zum Schein geht also von der Gesellschaftsordnung insofern aus, als sie einen Reiz besitzt, der den Hang zur Selbsttäuschung bestärkt. Doch worauf beruht dieser Reiz genau?

2.2 Der Sinn des Eigentums

Der Kapitalismus verdankt seine Kraft, die eigenen Pathologien zu verdecken, mitunter dem individuellen Eigentum. Eigentum erscheint aus vier Gründen als ein besonders attraktives Ziel: Erstens sichert Eigentum die materielle Selbstbestimmung, sich unabhängig von Bevormundungen mit den Gütern zu versorgen, die für den Lebensunterhalt benötigt werden. Zweitens trägt es als Abwehrrecht zur Pazifizierung von Gesellschaften und damit zur Stabilität der Lebensplanungen ihrer Mitglieder bei. Drittens wird Eigentum von Marktteilnehmern als Lohn ihrer Tätigkeit verstanden und erstrebt. Wirtschaftlicher Erfolg wird mit der Bildung von Eigentum belohnt, während bei Misserfolg der Verlust von Eigentum droht. Viertens und für unsere Fragestellung ausschlaggebend wird individuelles Eigentum aus Gründen der Sinnstiftung gutgeheißen. Obwohl dieser Zusammenhang von Eigentum und Sinn bei Adorno derartig zentral ist, wurde ihm bisher nur wenig Aufmerksamkeit geschenkt.

Sinn ist laut Adorno ein säkularer Nachfolgebegriff für den theologischen Gedanken des Seelenheils.[43] Unter Sinn werden lohnenswerte Ziele verstanden, aufgrund deren man das Leben bejahen kann. Adorno übt Sinnkritik in zwei Richtungen. Einerseits nimmt er die Vorstellung ins Visier, dass es einen Sinn des Lebens geben würde. Andererseits wird die gegenteilige Auffassung des abstrakten Nihilismus verworfen, dem zufolge das Leben ohne jeden Sinn sei:

> »Leben, das Sinn hätte, fragte nicht danach; vor der Frage flüchtete er [sc. der Sinn]. Das Gegenteil jedoch, der abstrakte Nihilismus, müsste vor der Gegenfrage: warum lebst denn du selber, verstummen. Das aufs Ganze gehen, den Nettoprofit des Lebens kalkulieren, ist eben der Tod, dem die sogenannte Sinnfrage entgehen will, auch wofern sie, ohne anderen Ausweg, vom Sinn des Todes sich begeistern lässt. Was ohne Schmach Anspruch hätte auf den Namen Sinn, ist beim Offenen, nicht in sich Verschlossenen; die These, das Leben habe keinen, wäre als positive genauso töricht, wie ihr Gegenteil.«[44]

Diese Aporie zwischen Sinn und Sinnlosigkeit steht »im Zentrum der Kontroverse, die es zwischen Philosophie und Soziologie überhaupt gibt«[45]. Die positivistische Spielart der Sozio-

43 GS 6: 369; V 6: 91.
44 GS 6: 369 f.
45 V 6: 90.

logie orientiert sich an empirischen Fakten und leistet damit einen unverzichtbaren Beitrag dazu, die Rede von einem existierenden Sinn als Ideologie zu entlarven. Mit diesem Positivismus ist aber die Frage nach dem Sinn noch nicht aus der Welt geschafft.

Wenden wir uns zunächst Adornos Kritik an der Vorstellung eines Sinns des Lebens zu: Weder kommt dem Leben selbst ein Sinn zu, noch lässt sich dem Leben ersatzweise ein Sinn geben. Ursache für diesen Mangel an Sinn ist der Tod: Er wirkt wie ein Sinnvernichter. Die Sinnfrage will deshalb, wie es im Zitat heißt, dem Tod entgehen.

Der Tod vernichtet dabei Sinn aus folgendem Grund. Im Begriff des Lebens selbst liegt die Idee eines Ziels, dessen Verwirklichung sich dem Menschen aufgrund seiner Vergänglichkeit entzieht. Zwei Annahmen sind hier zu unterscheiden: Zum einen wird angenommen, dass das Leben ein Ziel hat; zum anderen, dass dieses Ziel unerreichbar ist. Zunächst ist das Argument dafür, dass das Leben ein Ziel habe, wie folgt aufgebaut: Wenn erstens jede Tätigkeit ein Ziel hat und sich im Erreichen dieses Ziels erfüllt, und wenn zweitens das Leben eine Tätigkeit ist, dann folgt daraus, dass sich das Leben im Erreichen seines Ziels erfüllt. Die Frage freilich bleibt, weshalb das Leben eine Tätigkeit ist. Im Leben werden unzählige Handlungsziele verfolgt. Das Leben selbst ist nun jene Tätigkeit, mit der ein Leben lang solche Handlungsziele verfolgt werden. Das Leben hat deshalb zum Ziel, solange man lebt, Handlungsziele zu verfolgen, die das Leben lohnenswert machen. Das Ziel besteht darin, in der Lebenszeit lohnenswerte Interessen, Präferenzen und Bedürfnisse zu verwirklichen. Leben stellt das lebenszeitliche Streben nach diesem Ziel dar, das ihm selbst innewohnt.

Nun zur anderen Annahme, dass dieses Ziel unerreichbar ist. Es besteht ein wesentlicher Unterschied zwischen Handlungszielen und Lebensziel. Handlungsziele können sich im Leben erfüllen, das Lebensziel hingegen nicht. Mit dem Tod kommt zwar das lebenszeitliche Streben zu einem Abschluss. Der Tod verhindert jedoch, dass man den Abschluss auch aus der erstpersonalen Betroffenenperspektive erfahren und somit ein erfülltes Streben erleben kann, denn im Tod gibt es kein Bewusstsein über die Lebenszeit mehr. Das Leben hat somit ein Ziel, aber keinen Sinn. Als Sinn wird ein lohnenswertes Ziel erfahren, das das Leben bejahenswert macht. Ein Ziel erfüllt diese Sinnbedingung aber nur dann, wenn es zumindest wahrscheinlich ist, dass seine Verwirklichung von den Beteiligten als solche erfahren werden kann. Ein Ziel, dessen Verwirklichung schlechterdings nicht wahrgenommen werden kann, ist kein Ziel, das zu verfolgen sich lohnt. Der Tod verhindert aber, dass die Verwirklichung des Lebensziels aus der Betroffenenperspektive wahrgenommen wird. Er verhindert somit grundsätzlich einen Sinn.

Damit aber bliebe die Frage offen, wie ein Sinn *in* der Zeit erfahrbar wäre. Ein Streben, das unabgeschlossen bleibt, scheint allemal nicht der Mühe wert zu sein. Seine Vergeblichkeit macht die Erfahrung der Sinnlosigkeit aus. Das Menschenleben wird »zum Augenblick, nicht indem es Dauer aufhebt, sondern indem es zum Nichts verfällt, zu seiner Vergeblichkeit erwacht im Angesicht der schlechten Unendlichkeit von Zeit selber«[46]. Das lebenszeitliche Streben, dessen Erfüllung nicht erfahren werden kann, wird von Adorno als ein »vergebliches Warten«[47] beschrieben. Diesem vergeblichen Warten habe Alan Berg im *Wozzeck* und der *Lulu* musikalischen Ausdruck verliehen. Hingegen mag es Sinn in einem ewigen Leben geben. Denn ein zeitlich unbegrenztes Leben würde das unabgeschlossene

46 GS 4: 188.

47 GS 6: 368; V 14: 224.

Streben nicht als vergeblich erscheinen lassen. Unter den Rationalitätsbedingungen der Aufklärung haben jedoch solche Glaubensgewissheiten keinen Bestand und gibt es deshalb auch keinen Sinn des Lebens.

Adornos Kritik des abstrakten Nihilismus macht deutlich, dass die Diagnose der Sinnlosigkeit nicht das letzte Wort hat. Seine Kritik richtet sich an dieser Stelle dagegen, dass die Sinnfrage von der Wissenschaft vereinnahmt wird. Vom Wissenschaftsstandpunkt unbeteiligter Beobachter zeigt sich zwar, dass das Leben ein natürlicher Prozess des Vergehens ist, der unwiderruflich mit dem Tod endet. Ernüchtert betrachtet besitzt das endliche Leben selbst also keinen Sinn, der es lohnenswert zu leben machte. Dieses Wissen um die Sinnlosigkeit hat zunächst etwas Befreiendes, das an die Stelle von Überforderung, Zerknirschtheit oder Resignation tritt. Zugleich aber abstrahiert es von der unvertretbaren Teilnehmerperspektive der Betroffenen. Personen, die ›ich‹ sagen können, nehmen auf sich als Beteiligte Bezug. Als solche erleben sie die Tatsache keineswegs teilnahmslos, dass die Lebenszeit ein vergebliches Streben ist. Aus der Betroffenenperspektive widerfährt einem die Vergeblichkeit als ein Übel. Als Beteiligter kommt man im Leben nicht umhin, nach dessen Sinn zu fragen.

Wohlgemerkt leitet sich der Befund eines solchen Bedürfnisses nach Sinn nicht aus einer Verhaltensbeobachtung, sondern aus dem Begriff des Lebens her. Im Begriff des Lebens liegt beschlossen, dass es ein Ziel hat, dessen Erfüllung Beteiligte als Sinn zu erfahren begehren. Leben ist eine Tätigkeit und hat somit ein Ziel. Weil dessen Verwirklichung jedoch von den Betroffenen nicht erfahren wird, entzieht sich für sie ein Sinn. Trotzdem hat das Leben als Tätigkeit unvermeidlich ein Ziel. Leben ist deshalb nicht ohne das Verlangen vorstellbar, die Verwirklichung dieses Ziels zu erfahren. Leben ist ohne das Begehren nach Sinn nicht denkbar. Nichts könnte »als wahrhaft Lebendiges erfahren werden, das nicht auch ein dem Leben Transzendentes verhieße«[48]. Zwar gibt es keine Antwort auf die Frage nach dem Sinn. Aber ohne diese Frage wäre kein Mensch lebensfähig. Sie widerstreitet damit der Sinnvernichtung durch den Tod. Deshalb »ist der Gedanke, der Tod sei das schlechthin Letzte, unausdenkbar«[49]. Die Sinnfrage kann von niemandem einfach fallen gelassen werden, denn sie ist der Lebensnerv, den man nicht kappen kann. Aber es gibt keine Antwort.

Die Meinung, über eine Antwort zu verfügen, führt ins Leere. Das »Urphänomen von Ideologie«[50] stellen solche einfache Antworten auf die Sinnfrage dar. Solche Ideologien des Lebenssinns sind geradezu das Musterbeispiel für Selbsttäuschungen. Von der Ungewissheit sollen griffige Sinnangebote entlasten, die man für begründeter hält, als sie sind. Man nimmt zu Sinnangeboten, die der Kapitalismus macht, als vermeintliche Sicherheiten Zuflucht. Wo »kein Leben mehr ist«, ist »die Lockung, dessen Reste mit [...] dem aufleuchtenden Sinn zu verwechseln, unendlich groß«[51]. Man gibt sich mit einfachen Antworten voreilig zufrieden, weil sie eine Gewissheit versprechen, die Antworten auf die Sinnfrage tatsächlich nicht haben. Damit wird »die Sicherheit als solche auf Kosten dessen, wessen man sicher ist, zu einem Fetisch«[52] gemacht.

Der unwiderstehliche Reiz dieser Sinnangebote liegt in ihrem Gewissheitsversprechen. Sie versprechen ein gesichertes Wissen über den Sinn des Lebens. Grundlage dieses Versprechens ist die Sicherheit, mit der sich der jeweilige Sinn ver-

48 GS 6: 368; V 14: 226.
49 GS 6: 364.
50 GS 6: 369; vgl. V 13: 36.
51 V 14: 226; vgl. GS 6: 368.
52 V 15: 130; vgl. V 6: 180.

wirklichen lässt. Für den Sinn des Lebens wird gehalten, von dem man sich sicher ist, dass es verwirklicht werden kann. Sinn wird von Zielen erwartet, bei denen die Sicherheit dazu besteht, dass man sie im Leben erreicht. Kurzfristige Erreichbarkeit und quantitative Bestimmbarkeit erwecken den Eindruck, epistemisch über einen greifbaren Sinn zu verfügen.[53] Als Lebenssinn gelten hier Werte, die man unmittelbar besitzt (Reichtum, Schönheit, Lust) oder erwirbt (Erfolg, Ansehen, Status) oder erwartet (eine regelkonforme Lebensführung als Bedingung für ausstehendes Glück, wie beispielsweise Frömmigkeit als Bedingung für Glück im Jenseits). Die Vergeblichkeit lebenszeitlichen Strebens wird hier durch die Konstruktion eines Strebens umgangen, das entlohnt wird. Lebenszeit und Sinn verhalten sich hier zueinander wie Äquivalente des Tauschs. Entlohnt wird lebenszeitliches Streben durch den unmittelbaren Besitz des Erstrebten, durch das planbare Erreichen oder durch die Erfüllung einer Bedingung für ein versprochenes Glück. Diese Sinnangebote verdanken ihre Gewissheit der Sicherheit, mit der sie sich verwirklichen lassen.

Wie kein Zweites verspricht Eigentum, eine solche Gewissheit über den Lebenssinn zu geben. Einfache Antworten werden deshalb für wahr gehalten, weil sie Sicherheit in Bezug auf die Frage nach dem Sinn versprechen. Ein Mittel, um solche Sicherheit zu gewinnen, stellt das individuelle Eigentum dar. Die »Vorgängigkeit von Gesellschaft vorm Einzelbewußtsein und all seiner Erfahrung«[54] betrifft bei Adorno, ohne dass er das immer mit der wünschenswerten Klarheit ausspricht, das Eigentum, welches den Schein eines vermeintlich sicheren Sinns erzeugt. Der Reiz des Kapitalismus speist sich aus der rationalisierenden Kraft des Eigentums. Die rationalisierende

53 GS 4: 215 f.
54 GS 6: 182.

Gewissheit wird durch individuelles Eigentum erbracht, indem es der Antwort auf die Sinnfrage, vermeintlich, Gewissheit verschafft. Die sicherste Auskunft darüber, welches Ziel in einem vergänglichen Leben lohnenswert ist, lautet: Erwerb von Eigentum. Die Fähigkeit des Kapitalismus, Bedürfnisse zu befriedigen, die er selbst erzeugt, schafft mithin ein sicheres Gefühl in Bezug darauf, zu wissen, was man für ein gelingendes Leben braucht. Dieses Sicherheitsgefühl wird durch Eigentum verstärkt. Die Sinnstiftung des Eigentums übt eine rationalisierende Funktion aus, indem sie selbst dort gesicherte Erkenntnis zu errichten sucht, wo es eine solche Sicherheit gar nicht gibt.

Diese vermeintlich rationale Sinnstiftung verdankt individuelles Eigentum seiner Widerstandsfähigkeit oder besser: Zeitresistenz. Eigentum trägt zur Rationalisierung bei, indem es als etwas Beständiges, Dauerhaftes und Unverlierbares zu erscheinen vermag, das das vergängliche Leben lohnenswert macht:

> »Die sinngebenden Reflexionen über den Tod sind so hilflos wie die tautologischen. Je mehr das Bewußtsein der Tierheit sich entwindet und sich zum Festen und in seinen Formen Dauernden wird, desto mehr verstockt es sich gegen alles, was ihm die eigene Ewigkeit suspekt macht. Mit der geschichtlichen Inthronisierung des Subjekts als Geist war die Täuschung verkoppelt, es sei sich unverlierbar. Gingen frühe Formen des Eigentums zusammen mit magischen Praktiken, den Tod zu bannen, so verscheucht ihn, je vollständiger alle menschlichen Beziehungen von Eigentum determiniert werden, die ratio so hartnäckig wie nur einst die Riten. Auf einer letzten Stufe wird er, in Verzweiflung, selbst zum Eigentum.«[55]

55 GS 6: 362; vgl. 387.

Eigentum ›bannt‹ und ›verscheucht‹ den Tod, der Sinn vernichtet.[56] Eigentum stiftet demnach Sinn, indem es dem Tod als Sinnvernichter Einhalt gebietet. Es scheint dies ein geeignetes Mittel zu sein, um den Tod und damit den Sinnentzug in Schach zu halten.

Eigentum stiftet Sinn, indem es der menschlichen Vergänglichkeit scheinbar etwas entgegensetzen kann. Der Wunsch nach etwas Bleibendem, das der Vergänglichkeit standhält, scheint durch individuelles Eigentum erfüllt zu werden. Als lohnenswert erscheint der Erwerb von Eigentum, weil mit ihm etwas erworben wird, das sich der Vergänglichkeit entzieht:

> »Historisch ist der Zeitbegriff selber auf Grund der Eigentumsordnung gebildet. Aber das Besitzenwollen reflektiert die Zeit als Angst vor dem Verlieren, der Unwiederbringlichkeit. Was ist, wird in Beziehung zu seinem möglichen Nichtsein erfahren. Damit wird es erst recht zum Besitz gemacht und gerade in solcher Starrheit zu einem Funktionellen, das für anderen äquivalenten Besitz sich austauschen ließe.« [57]

Die eigentumsspezifische Verfügbarkeit über eine Sache dient in dieser Hinsicht dem verkappten Versuch, eine Verfügbarkeit über die Zeit zu gewinnen. Der Tod wird, wie sich Adorno ausdrückt, »selbst zum Eigentum«[58]. Mit Eigentum soll es gelingen, die Herrschaft der Zeit zu bezwingen. Die unwiderrufliche Vergänglichkeit widerfährt dabei als ein Kontrollverlust, den man durch individuelles Eigentum zu beherrschen kön-

56 Siehe S. 135–137.
57 GS 4: 89.
58 GS 6: 362.

nen glaubt. Eigentum ermöglicht ein Gefühl von Verfügbarkeit, das die Unverfügbarkeit des Vergehens neutralisieren soll. Es gibt unter den Bedingungen eines ungewissen Sinns Halt. Die vergänglichkeitsresistente Kraft wird dem Eigentum durch drei Merkmale verschafft, nämlich durch seine Persistenz, seine Antizyklik und seine Testierbarkeit.

(1.) Persistenz: Eigentum ist vor allem auf Dauer angelegt. Diese Persistenz kommt nicht zuletzt in der verfassungsrechtlichen Eigentumsgarantie und den naturrechtlichen Eigentumsbegründungen zum Ausdruck. Niemandem kann und darf verrechtlichtes Eigentum wider Willen genommen werden. Eigentum als Rechtsanspruch auf bestimmte Güter ist etwas Unverlierbares, es sei denn, dass man dem Risiko einer möglichen Eigentumseinbuße selbst zugestimmt hat. So bleiben im Fall des Diebstahls selbst über große Zeitspannen hinweg die Rechtsansprüche auf das entwendete Eigentum erhalten. Auch Enteignungen stellen keinen Eigentums*verlust* dar, da sie unter dem Vorbehalt einer Entschädigungspflicht stehen; sie sind insofern ein, wenn auch unfreiwilliger, Eigentumstransfer, über den das enteignete Eigentum durch ein Eigentum an einem gleichwertigen Vermögen ersetzt wird.

Diese Persistenz zeichnet Eigentum gegenüber anderen Gütern aus: Freundschaften zerbrechen, Gesundheit schwindet, Schönheiten verblühen. Das Eigentum hingegen scheint vor dem Vergehen geschützt zu sein und Fortdauer zu garantieren. Nicht einmal »Erinnerungen«[59], die zerrinnen können, haben gegen das Vergehen eine derartige Widerstandskraft. Zwar besitzen auch Werte wie Würde, Gewissen und Liebe den Rang von Unvergänglichkeiten, sind jedoch von ideeller Art, die vergleichsweise weniger Gewissheit über ihre Beständigkeit zulässt als die materielle Persistenz des Eigentums. Eigentum

59 GS 4: 189.

kann als Gegenstand wahrgenommen, wirkungsvoll eingesetzt und genauestens beziffert werden. Diese Materialität verleiht dem buchstäblich greifbaren Eigentum Gewissheit über seine Beständigkeit, die immateriellen Werten zwangsläufig fehlt. Ein sicherer Sinn wird hier durch Eigentum als Unverlierbares, Dauerndes und Bleibendes gestiftet, das gegen das Vergehen Bestand hat.

(2.) Antizyklik: Außerdem ermöglicht Eigentum ein Wachstum, das antizyklisch zur menschlichen Vergänglichkeit verläuft. Während die Lebenszeit verrinnt, kann das Eigentum wachsen. Zwar nehmen Lebensqualität, Zukunft, Fähigkeiten und Wahlmöglichkeiten mit fortschreitendem Alter ab. Zugleich aber kann im Verlauf des Lebens das Eigentum anwachsen. Von ihm hat man in der Regel am Lebensende mehr als am Anfang. Grundlage für dieses Wachstum bietet der Kapitalismus. Im Kapitalismus besitzt Eigentum die Fähigkeit, sich zu vermehren: Aus wenig Eigentum kann durch Arbeit, Vermögen oder Naturaneignung mehr Eigentum werden. Menschen altern; Eigentum hingegen nicht: Es kann sogar zunehmen.

Sofern die personale Identität auch durch Eigentum gestiftet wird und Eigentum erneuert, erhalten und gar vermehrt werden kann, kann diese antizyklische Kraft auf die Person abfärben. Die Verfügbarkeit über Güter, die nicht altern oder sogar zunehmen, weckt ein Gefühl, dass man einen Teil von einem selbst dem Altern entziehen kann. Sinn entsteht hier aus Eigentum, indem dem Verrinnen der Lebenszeit sein Erhalt oder sogar sein Wachstum entgegengesetzt wird. Je größer das angehäufte Eigentum, desto sicherer wird anscheinend der Beweis dafür erbracht, dass man der Vergänglichkeit zum Trotz ein lohnenswertes Leben führt oder geführt hat.

(3.) Testierbarkeit: Eigentum trotzt der Vergänglichkeit auch deshalb, weil seine Vererbbarkeit eine Verfügbarkeit erlaubt,

die sogar über den Tod hinaus reicht. Testierbares Eigentum zählt wie Ruhm, Dienste an der Menschheit, Familiennachkommen und nachhaltige Artefakte wie Bauwerke zu den Möglichkeiten, Spuren zu hinterlassen. Eigentum zeichnet sich dabei dadurch aus, dass solche Spuren in Gestalt von Verfügbarkeit überdauern. Eigentum schließt das Recht auf seine Vererbbarkeit mit ein. Erbschaften ermöglichen somit den Eigentümern, ihre Verfügungsmacht über den Tod hinaus zu verlängern. Die Verfügbarkeit über Sachen und Vermögen dauert auf diese Weise bis in die Zeit nach dem Tod an. Die Verteilung wie auch der Gebrauch von Sachen und Vermögen und damit die Handlungsspielräume anderer Menschen können also über das eigene Lebensende hinaus beeinflusst werden. Sinn geht hier deshalb aus individuellem Eigentum hervor, weil seine Vererbbarkeit es erlaubt, dass der Tod nicht das Ende der eigenen Handlungsmacht darstellt.

Max Webers Untersuchungen zu den religiös-kulturellen Ursprüngen des Kapitalismus können als ein Vorläufer von Adornos Kapitalismusanalyse verstanden werden. Adorno lässt an Weber ansonsten kein gutes Haar, weil er ihn als Gründervater des Positivismus betrachtet. Hingegen seien Webers bleibende Verdienste die Methode materialer Analysen[60] und vor allem aber seine Protestantismus-These. Ähnlich wie Adorno geht Weber in *Die protestantische Ethik und der »Geist« des Kapitalismus* von der Frage aus, aus welchem Grund der Kapitalismus sich durchsetzen konnte, obwohl er als »stahlhartes Gehäuse« zu Freiheitsverlusten führt und damit der allgemeinen Wertschätzung von Freiheit widerspricht. Und beide führen diese Anziehungskraft auf eine Rationalisierung zurück, aus der eine (vermeintlich) gesicherte Erkenntnis über die richtige Lebensführung hervorgeht.

60 GS 6:168.

Der Prototyp des Kapitalismus ist laut Weber der Protestantismus und insbesondere der Calvinismus. Das Gewinnstreben hat sich im protestantischen Arbeitsethos verselbstständigt, indem hier die Arbeit zum Zweck des Lebens wird und nicht umgekehrt die Arbeit dem Lebenserhalt dient.[61] Der Grund für diese Verkehrung liegt in der Rationalisierung, in der eine epistemische Gewissheit über die richtige Lebensführung erzielt wird. Gewonnen wird die Gewissheit über das Seelenheil (*certitudo salutis*): Das Arbeitsethos und der durch ihn geschaffene Reichtum ermöglichen die subjektive Vergewisserung des eigenen Seelenheils. Dabei bezieht sich das Seelenheil auf ein ausstehendes Gut, welches das Leben trotz des Todes lohnenswert macht. Je mehr Reichtum erwirtschaftet wird, desto größer ist die Verlockung, sich auf dem Reichtum auszuruhen oder ihn auszugeben; und umso verdienstvoller ist die Bewährung, wenn man der Verlockung durch asketischen Konsumverzicht widersteht.[62] Der Konsumverzicht stiftet also bei gleichzeitiger Anhäufung von Reichtum die größtmögliche Gewissheit über das Seelenheil. Der Kapitalismus vollführt dem Anschein nach eine Rationalisierung, die Gewissheit schafft. Diesen Grundgedanken über die rationalisierende Kraft des Kapitalismus übernimmt Adorno.

Zwischen Weber und Adorno liegen trotzdem wichtige Unterschiede. Weber untersucht die religiösen Entstehungsbedingungen des Kapitalismus, von denen sich dieser in der Moderne gelöst hat. Mit dem Zusammenhang von Eigentum und Sinn untersucht Adorno hingegen ein Strukturmerkmal, das auch seine modernen und säkularisierten Varianten bestimmt. Zudem wird die rationalisierende Gewissheit bei Weber durch

61 Max Weber, *Die protestantische Ethik und der »Geist« des Kapitalismus*, hrsg. von Andrea Maurer, Stuttgart 2017, S. 192 f.

62 Ebd., S. 217.

die Arbeit geleistet, während bei Adorno das Eigentum diesen Stellenwert einnimmt: Eigentum trägt zur Rationalisierung bei, indem es der Antwort auf die Sinnfrage eine vermeintliche Gewissheit verschafft.

Diese Ergebnisse erlauben vier Schlussfolgerungen. Die Ergebnisse erklären erstens die große Wertschätzung individuellen Eigentums, zweitens dessen historische Erfolgsgeschichte, drittens die Zunahme von Gleichgültigkeit und viertens den gesellschaftlich notwendigen Schein.

(1.) Wertschätzung individuellen Eigentums: Eigentum verdankt seine unwiderstehliche Wertschätzung der sinnstiftenden Kraft, die es z. B. als Beständiges auf das vergängliche Leben ausübt. Die Anziehungskraft des Kapitalismus speist sich teilweise aus der rationalisierenden Sinnstiftung des Eigentums, aufgrund dessen die Anhäufung von Eigentum Sicherheit in Bezug darauf schafft, vor dem Hintergrund der Vergänglichkeit ein lohnenswertes Leben zu führen.

(2.) Erfolgsgeschichte des individuellen Eigentums: Mit der zeittheoretischen Sinnstiftung individuellen Eigentums zeichnet sich eine Antwort auf die Frage nach den Gründen für den Siegeszug des Kapitalismus und insbesondere für den unaufhaltsamen Aufstieg des individuellen Eigentums ab, das sich gegen das gemeinschaftliche Eigentum durchgesetzt hat. Nehmen wir einmal an, dass Eigentum sein Freiheitsversprechen zumindest teilweise unter der sozialen Bedingung gemeinschaftlichen Eigentums einlöst;[63] dann stellt sich die Frage, weshalb sich Vorstellungen individuellen Eigentums

63 Diese freiheitstheoretische Begründung gemeinschaftlichen Eigentums wird ausgeführt in: Tilo Wesche, »Demokratie und ihr Eigentum. Von der Marktfreiheit zur Wirtschaftsdemokratie«, in: *Themenschwerpunkt: Eigentum*, hrsg. von Tilo Wesche, *Deutsche Zeitschrift für Philosophie* 62 (2014) Nr. 3, S. 443–486.

gegenüber denen des gemeinschaftlichen Eigentums uneingeschränkt durchsetzen konnten. Angenommen, dass Freiheit der normative Selbstanspruch des Eigentums ist und dass sich dieses Freiheitsversprechen mitunter im gemeinschaftlichen Eigentum einlöst: Warum spielt dann gemeinschaftliches Eigentum eine nur geringe und individuelles Eigentum eine vorherrschende Rolle? Die Antwort liegt darin, dass nur individuelles Eigentum die beschriebene sinnstiftende Wirkung entfalten kann. Das Wissen, dass Gemeingüter auch anderen Miteigentümern gehören, hilft nicht weiter in Bezug auf die Erwartung, der eigenen Vergänglichkeit etwas entgegenzusetzen. Die profitorientierte Wirtschaftsordnung hat sich nur vor dem kulturellen Hintergrund einer epistemischen Selbstversicherung etablieren können, die mitunter vom individuellen Eigentum geleistet wird.

(3.) Zunahme von Gleichgültigkeit: Drittens leisten Gesellschaften, die sich wesentlich über individuelles Eigentum reproduzieren, dem Entstehen von Gleichgültigkeit Vorschub. Denn aus den drei Annahmen, dass Gleichgültigkeit in ihrer Tiefendimension eine Form der Selbsttäuschung ist und dass Selbsttäuschung dem Zweck der epistemischen Versicherung dient und dass individuelles Eigentum eine solche epistemische Sicherheit über Fragen des guten Lebens (vermeintlich) stiftet, folgt der Schluss, dass individuelles Eigentum das Entstehen von Gleichgültigkeit befördert. Gleichgültigkeit wird als ein Akt der Selbsttäuschung ausgeübt, die darin besteht, die Verletzbarkeit und Bedürftigkeit anderer nicht sehen zu wollen. Mit diesem Akt des Nichtwahrhabenwollens wird der Zweck verfolgt, fehlende Gewissheiten über das gute Leben zu rationalisieren. Ein Mittel, um eine solche Rationalisierung zu erreichen, ist das individuelle Eigentum, sofern seine Beständigkeit (scheinbar) ein Gegengewicht zur menschlichen Vergänglichkeit bildet.

Innerhalb von Ordnungen individuellen Eigentums begegnen sich Personen in der Rolle von Eigentümern, die sich über ihre Handlungen wechselseitig keine Rechenschaft schulden. Eigentum befugt zur Nutzung, Verwertung und Übertragung von Gütern für einen Zweck, den der Eigentümer selbst bestimmt. Wer individuelles Eigentum hält, ist deshalb niemandem rechenschaftspflichtig. Andere dürfen von der Entscheidungsfindung ausgeschlossen werden. Dieses eigentumsbedingte Exklusionsrecht allein führt jedoch noch nicht dazu, dass die Ansprüche verletzbarer und bedürftiger Personen missachtet werden. Individuelles Eigentum erzeugt ein interpersonelles Verhältnis der Indifferenz: Individuelle Eigentümer verhalten sich deshalb indifferent gegeneinander. Diese Indifferenzbeziehung erfüllt zunächst die wichtige Funktion der Komplexitätsreduktion, die Nutzung, Verwertung und Übertragung bestimmter Güter nicht jeweils neu aushandeln zu müssen. Indifferenz bleibt unproblematisch, solange sich Personen sich selbst und einander nicht wesentlich oder gar ausschließlich in ihrer Rolle als Eigentümer wahrnehmen. Je stärker sich aber eine Gesellschaft sozial bloß innerhalb einer Ordnung individuellen Eigentums reproduziert, desto mehr trägt sie zum Entstehen von Gleichgültigkeit bei. Je ausschließlicher ihre Mitglieder sich ihrer selbst über ihre Rolle als Eigentümer vergewissern, desto größer wird ihre wechselseitige Beziehung durch Gleichgültigkeit geprägt. Gesellschaftsordnungen mit einer Vorherrschaft individuellen Eigentums verleihen also der Zunahme von Gleichgültigkeit Auftrieb.

(4.) Gesellschaftlich notwendiger Schein: Die bisherigen Ausführungen können nun zusammengeführt werden, um die Frage nach dem gesellschaftlich notwendigen Schein zu beantworten. Im Kapitalismus wird durch Eigentum die Gewissheit in Bezug auf einen Lebenssinn verbürgt, für den sich all die Erwerbstätigkeit auch tatsächlich lohnt. In ihm fallen Selbst-

täuschungen deshalb auf fruchtbaren Boden, weil Eigentum scheinbar einen gesicherten Sinn stiftet, den man für begründeter hält, als er ist. Der Kapitalismus erzeugt somit soziale Pathologien und zugleich die Möglichkeit, sie zu verschleiern. Trotz seiner Pathologien wird er aus dem Grunde für erstrebenswert gehalten, weil Eigentum dem Leben Gewissheit über seinen Sinn verschafft. Für das Gewissheitsversprechen nimmt man die Pathologien billigend in Kauf; vor ihnen werden die Augen verschlossen, weil der Gewissheit über den Lebenssinn ein Vorrang eingeräumt wird. Adornos Kritik des individuellen Eigentums ist demnach nicht auf dessen Überwindung aus. Sie richtet sich vielmehr gegen seine ideologische Überschätzung als Sinnersatz. Kritisiert wird seine Funktion der Sinnstiftung. Eigentumskritik wird von Adorno im Namen einer Erkenntniskritik geübt, die sich gegen den gesellschaftlich notwendigen Schein richtet, der vom Eigentum ausgeht.

IV. Kunst

Für Adorno erfüllt sich die kritische Theorie der Gesellschaft in der Kunst. Kritik wird als ästhetische Kritik und Vernunft als ästhetische Vernunft wirksam.

Adornos Wende zur Kunst bereitet dabei so manchen Interpreten Kopfzerbrechen. Was können schon Noten, Arien und Klaviersonaten gegen die versteinerten Verhältnisse des Kapitalismus ausrichten? Kunst sei Kritik ohne Biss und stehe der Verwertungslogik machtlos gegenüber.

Doch solche Bedenken zielen ins Leere. Selbstverständlich können Kunstwerke keine neuen Ordnungen der Wirtschaft, Politik und des Sozialen errichten. Ihre kritische Funktion liegt vielmehr eine Ebene tiefer. Bevor neue Ordnungen entworfen werden, muss der Schein der alten erschlossen werden. Und ebendiesen Zweck erfüllt Kunst, indem sie als eine erschließende Kritik des gesellschaftlich notwendigen Scheins wirkt. Sie macht ihn *als* einen Schein für eine erstpersonale Teilnehmerperspektive zugänglich, indem sie ihre Adressaten für dessen Kritik empfänglich macht. Kunst ist Erkenntniskritik von Schein und vermag zu verhindern, dass man dem gesellschaftlich notwendigen Schein erliegt und einfachen Antworten wie dem Sinnersatz des Eigentums verfällt.

Ästhetische Kritik wird demnach als Kritik von Gleichgültigkeit und somit als Kritik von Selbsttäuschungen praktisch. Sie stößt dabei auf eine besondere Schwierigkeit: In Selbsttäuschungen verschließt man sich gegen Kritik. Kritik von Selbsttäuschungen kann deshalb Offenheit für diese Selbsttäuschungen nicht voraussetzen. Vielmehr muss sie die Voraussetzung dafür, dass sie ihre Adressaten auch erreicht, erst schaffen. Kunstwerke zeichnen sich nun durch das Vermögen aus, eine solche Zugänglichkeit für Kritik überhaupt erst zu erzeugen.

Diese Eigenschaft der Kunstwerke, ihre Adressaten für Kritik erreichbar zu machen, stellt den Grund für Adornos Wende zur Kunst dar. Kunst löst damit das Programm der immanenten und transzendenten Kritik ein, dem zufolge Kritik für die Rechtfertigungsperspektive ihrer Adressaten nachvollziehbar sein muss und sich zugleich gegen deren verzerrte, entlastete und immunisierte Einstellungen durchsetzen können muss. Besonders Kunstwerke sind in der Lage, eine Empfänglichkeit für Kritik mit zu erschaffen. Die ästhetische Kritik von Selbsttäuschungen macht die Adressaten der Kritik für sich selbst empfänglich.

Ästhetische Kritik hebelt Selbsttäuschungen aus und setzt an deren Stelle ein Interesse an Erkenntnis. Dieser ästhetische Prozess der Rationalisierung wird im ersten Teil erörtert (1.). Kunstwerke üben eine rationalisierende Kraft aus, indem sie ihre Adressaten zugänglich für Kritik von Selbsttäuschungen machen. Diese Kraft verdanken sie einer eigenen Rationalität, die ihrem Werkcharakter innewohnt. Mit diesem Konzept der ästhetischen Vernunft gelangt Adornos dialektischer Negativismus an sein Ziel: Insbesondere Kunstwerke vermögen eine rationalisierende Kraft zu entfalten, die in der Lage ist, sich gegen eine eigenständige Gegenkraft durchzusetzen. Dies gelingt ihnen, indem sie eine Empfänglichkeit für eine Kritik von Selbsttäuschungen erzeugen. Der zweite Teil widmet sich dem Zusammenhang von ästhetischer Vernunft und Hoffnung (2.). Adornos Ästhetik vermag dem Rest von Kontingenz Rechnung zu tragen, der in Bezug auf die Verwirklichung der Vernunft unvermeidlich bestehen bleibt. Auf ihre kontrafaktische Verwirklichung kann allenfalls gehofft werden; gehofft wird, dass sie aller Wahrscheinlichkeit der ernüchternden Realität zum Trotz verwirklicht wird. Zugleich bereitet Adornos Ästhetik die Grundlage dafür, dass man sich des Grundes für diese Hoffnung vergewissern kann. Die Rationalität der Kunst sichert den Grund ab, der erklärt, weshalb berechtigterweise gehofft werden darf.

1. Ästhetische Vernunft

Adorno untersucht die ästhetische Rationalität von zwei Seiten her: Auf der Seite ihrer Rezipienten erzielen Kunstwerke rationale Effekte. Kunstwerke rationalisieren Einstellungen, indem sie verzerrte Einstellungen nachhaltig verändern: Sie hebeln Selbsttäuschungen aus und lassen an deren Stelle Erkenntnisinteresse treten. Auf der Seite ihrer Produktion setzen Kunstwerke rationale Entstehungsbedingungen voraus. Sie gehen aus einem Prozess der Rationalisierung hervor. Das ästhetische Material muss nach rationalen Prinzipien gestaltet werden, damit Kunstwerke ihre rationalen Effekte erzielen können. Kunstwerke erzeugen also rationale Einstellungen nur dann, wenn eine Rationalisierung sozusagen in sie eingespeist wird.

Diese ästhetische Rationalisierung verläuft über vier Stufen: Auf der untersten Stufe findet eine rationale Materialbeherrschung statt, kraft derer die Elemente des Werks und ihre Beziehungen zu einer ästhetischen Form gestaltet werden. Auf der zweiten Stufe bildet sich eine ästhetische Autonomie aus: Kunstwerke gelingen unter der Bedingung ihrer Autonomie. Oder anders ausgedrückt: Ihre rationalisierende Kraft hängt davon ab, ob es gelingt, ihnen eine autonome Form zu geben. Die autonome Form ermöglicht das, was Adorno »Sprachcharakter der Kunst« nennt; dieser stellt die dritte Stufe dar. Kunstwerke üben ihre rationalisierende Kraft, Einstellungen nachhaltig verändern zu können, durch ihren Sprachcharakter aus. Die autonome Form ist zwar die Quelle, aus der sich rationalisierende Kraft speist. Die Kraft selbst aber wird als Sprache oder Beredtheit des Kunstwerks wirksam. Deren Effekte bilden wiederum die vierte Stufe. Die rationalen Effekte nehmen die konkrete Gestalt eines Gehalts der Darstellung an.

Im Folgenden wird dieser vierstufige Prozess der ästhetischen Rationalisierung ausführlicher dargestellt. Die Abfolge seiner Darstellung stimmt dabei mit dem systematischen Stufenaufbau überein – mit einer Ausnahme: Die ästhetische Autonomie wird vorgezogen und zuerst erörtert (1.1). Es schließen sich die Darstellungen der Materialbeherrschung (1.2), des Sprachcharakters (1.3) und des ästhetischen Darstellungsgehalts (1.4) an.

1.1 Autonomieästhetik

Adorno vertritt eine Autonomieästhetik. Entsprechend dieser hat sich die Kunst in der Moderne zu einem eigenständigen Geltungsbereich verselbstständigt.[1] Ebenso wie Wissenschaft, Politik, Moral, Recht und Religion bildet sie einen autonomen Bereich. Autonome Kunstwerke dienen fortan keinen theologischen, politischen oder sonstigen Zwecken mehr. Zwar waren Kunstwerke von Rang niemals nur ein Transportmittel für Weltanschauungen. Bachs Musik, Michelangelos Bilder und Dantes Dichtung erschöpfen sich keineswegs in der Vermittlung von theologischen Glaubensgewissheiten. Ebenso wenig gehen Holbeins und Botticellis Herrscherporträts, obwohl sie politische Macht symbolisieren, vollständig in ihrer politischen Funktion auf. Das Schöne führt in diesen Kunstwerken jeweils schon ein Eigenleben. Ebenso wenig wie sie heute nur von historischem Interesse sind, erschöpften sie sich einst in ihren außerästhetischen Funktionen. Trotzdem sind sie nicht von ihrer religiösen und politischen Funktion zu trennen. Ein solcher Zweckzusammenhang ist in den autonomen Kunstwerken der Moderne gekappt.

Die Autonomieästhetik wurde von Kant ausgearbeitet, dem zufolge Kunst »ohne Zweck«[2] sei. Ebenso stellt Hegel fest, dass

1 GS 7: 9 f., 50.
2 GS 7: 209, 229.

sich autonome Kunst keinem äußeren Zweck mehr unterordnen lässt:

> »Mögen wir die griechischen Götterbilder noch so vortrefflich finden und Gottvater, Christus, Maria noch so würdig und vollendet dargestellt sehen: es hilft nichts, unser Knie beugen wir doch nicht mehr.«[3]

Autonomie ist deshalb seither der Maßstab für gelingende Kunst.

Freilich stößt ein solches normatives Kunstkonzept auch auf Grenzen.[4] Ein normativer Maßstab dessen, was ›die‹ Kunst sei, engt zwangsläufig den Reichtum einer jahrtausendealten Tradition von Praktiken, Konzepten und Experimenten der Kunst ein. Einseitigkeit ist jedoch der Preis, den jeder Versuch dafür zahlt, ein Verständnis dessen, was Kunst heißt, auf den Begriff zu bringen. Adorno verweist dabei selbst auf die unvermeidliche Einseitigkeit einer normativen Ästhetik.[5] Ästhetische Kategorien, Techniken und Wahrnehmungskompetenzen sind je einem historischen und kulturellen Kontext entwachsen und lassen sich deshalb nicht ohne Verluste von Details generalisieren.[6]

Vor dem Hintergrund der Autonomieästhetik erscheint Adornos ästhetische Kritik wie ein hölzernes Eisen. Nicht nur, dass Kritik in Gestalt von Kunst der Biss fehlen könnte. Es

3 G. W. F. Hegel, *Vorlesungen über die Ästhetik*, Bd. I, Hrsg. und Einf. von Rüdiger Bubner, Stuttgart 1971, S. 170.

4 Diese Richtung schlägt auch Bertram ein, dem zufolge die Pluralität der ästhetischen Konzepte und Kontexte mit einer reflexiven Autonomieästhetik vereinbar ist. Vgl.: Georg W. Bertram, *Kunst als menschliche Praxis. Eine Ästhetik*, Berlin 2014.

5 V 3: 10, 231.

6 V 3: 48, 245.

stellt sich vielmehr die Frage, ob die Verpflichtung von Kunst auf Kritik ihr nicht ebenso die Autonomie raubt. Ästhetische Kritik scheint sich selbst zu widersprechen. Denn autonome Kunst lässt sich nicht vor den Karren moralischer, politischer oder religiöser Kritik spannen.

Das auffälligste Merkmal von Adornos Ästhetik ist daher, dass sie mit Kunst und Kritik scheinbar Unvereinbares zusammenführt. Gesellschaftstheorie und Autonomieästhetik bilden ihre gegensätzlichen Ausgangspunkte. Autonome Kunst emanzipiert sich zwar von politischen oder sozialen Funktionen. Sie kommt aber erst in Gesellschaftskritik zu sich selbst. Steht Kunst einerseits für sich selbst, ist sie andererseits auf Gesellschaftskritik verpflichtet. Zu den Stärken von Adornos Ästhetik zählt, dass sie diese Spannung zwischen Kunstautonomie und Gesellschaftskritik nicht handstreichartig durchtrennt. Autonomieästhetik und Kritische Theorie sind kein Gegensatz, sondern eine Synthese. Der Zerreißtest für Adornos Ästhetik besteht deshalb darin, eine Antwort auf die Frage zu finden, wie Kunst der Gesellschaftskritik dient, ohne dass ihre Autonomie verletzt wird. Wie können Kunst und Kritik miteinander versöhnt werden?

Adornos Autonomieästhetik geht von der Annahme aus, dass Kunstwerke einen Selbstzweck haben:

> »Kein Gemälde ist für den Beschauer, keine Symphonie für den Zuhörer, selbst kein Drama für das Publikum da, sondern zunächst *um seiner selbst willen*; nur durch dieses Moment, das man als ein säkularisiert theologisches beschreiben muß, also nur sozusagen mit Hinblick auf das Absolute, und nicht etwa in einer unmittelbaren Beziehung auf die Menschen, existieren, sprechen [die Kunstwerke] überhaupt.«[7]

7 V 3: 191; Hervorhebung T. W.

Dass die Kunst frei ist von äußeren und fremden Zwecken, bedeutet nicht, dass Kunst keinerlei Zweck habe. Vielmehr ist damit gemeint, dass sie keinen anderen Zweck als sich selbst hat. Kunstwerken wohnt selbst ein Zweck inne, um dessen willlen sie wertvoll sind. Autonome Kunst zeichnet sich also durch ihren Selbstzweck aus. Welcher Zweck aber ist der Kunst selbst eingeschrieben?

Laut Adorno hat sich die Autonomieästhetik in zwei Richtungen entwickelt, nämlich erstens zum »ästhetischen Hedonismus«[8], deren Selbstzweck die Lust, der Kunstgenuss ist, und zweitens zur ästhetischen Kritik, in der Erkenntnis zum Selbstzweck wird.

Betrachten wir zunächst die hedonistische Autonomieästhetik. Die Kategorien dieses ›kulinarischen‹ Kunstverständnisses sind das Angenehme, Wohlgefällige und Schickliche. Adorno unterscheidet dabei zwischen zwei Spielarten der hedonistischen Ästhetik, nämlich dem Kulturkonservatismus und der Kulturindustrie.

Adorno kämpft deshalb an zwei Fronten: Einerseits grenzt er sich von der kulturkonservativen Spielart der hedonistischen Autonomieästhetik ab, deren Erscheinungsweisen Bildungsbürgertum, Kunstreligion und *l'art pour l'art* sind. Die kulturkonservative Idee des Kunstgenusses beruht darauf, dass reine und hohe Kunst Distanz zur Welt und dabei insbesondere zur schlechten Realität schafft. Ästhetische Autonomie wird hier als die Abstraktion von Weltbezügen gedeutet und erfüllt sich in reiner Kunst, die nicht von Spuren einer sozialen, politischen oder moralischen Realität befleckt wird.[9] Autonome Kunst entlastet hier also von den schalen Realitätsbezügen. Und diese Entlastung bereitet Genuss.

8 GS 7: 29, 66.

9 GS 7: 367–369.

Die zweite Spielart der hedonistischen Autonomieästhetik wird von Adorno »Kulturindustrie« genannt. Im Kontrast zum Kulturkonservatismus soll hier eine Distanzierung zur Welt möglichst mühelos gelingen: Zuflucht wird in der leichten Unterhaltung gesucht. Wohlgefühl bereitet einem jene Zerstreuung, die die Wirklichkeit vergessen macht. Das Unterhaltungsangebot soll einen passiven Konsum erlauben und richtet sich an ein möglichst breites Publikum. Produziert werden die Unterhaltungsangebote dabei auch aus ökonomischen Profitinteressen: Selbst ihnen ist »der Profit eingegraben«[10]. Kulturindustrie dient also einem zweifachen Ziel: Ihre Produktion bedient Verwertungsinteressen und ihr Konsum ein Interesse nach Entlastung.

Kulturkonservatismus und Kulturindustrie unterscheiden und ähneln sich zugleich. Im Spektrum hedonistischer Kunstauffassungen stehen sie zwar jeweils am anderen Ende der Skala: hier der sublime Genuss hoher Kunst, dort der derbe Spaß flacher Unterhaltung. In ihrem Extrem ähneln sie sich jedoch, denn sie teilen die Vorstellung, dass sich Kunstautonomie mitunter in der Freiheit von Wirklichkeitserkenntnis erfüllt. Autonome Kunst und gesellschaftliche Erkenntnis stellen in beiden Kunstauffassungen einen unversöhnlichen Gegensatz dar. Kunstwerke sollen ihrer Autonomie gerecht werden, indem sie sich einer Realitätserkenntnis enthalten und eine ästhetische Vorstellungswelt schaffen, die von der Wirklichkeit abstrahiert. Kulturkonservatismus und Kulturindustrie leisten somit einem Eskapismus, einer Weltflucht Vorschub, die einem von der Betrachtung der politischen, sozialen und moralischen Wirklichkeit schadfrei hält. Phantasmagorien, Fiktionen und Illusionen entbinden die Betrachter von einer Konfrontation mit der Realität. Kulturkonservatismus und Kulturindustrie

10 GS 7: 90.

gleichermaßen begünstigen im Namen der Kunstautonomie eine ästhetische Entlastung davon, die Welt so zu sehen, wie sie ist. Insoweit dienen sie der Entlastung, die eines der Hauptmerkmale von Selbsttäuschung ist.

An Kulturkonservatismus und Kulturindustrie übt Adorno eine Kritik, die sich ausschließlich immanent auf ästhetische Gründe stützt. Maßstab der Kritik ist die ästhetische Autonomie. Kulturkonservatismus und Kulturindustrie setzen sich nicht deshalb Einwänden aus, weil sie politisch oder moralisch verwerflich sind, sondern weil sie den Selbstanspruch auf ästhetische Autonomie verfehlen. In ihnen gerät die ästhetische Autonomie jeweils in einen Widerspruch zur ökonomischen Funktionalität, von der Kunst beherrscht wird.

Kulturkonservatismus und Kulturindustrie verkennen dabei ihre zweifache Abhängigkeit von der ökonomischen Verwertungsdynamik: Zum einen unterstehen sie den Verwertungsinteressen des Kunstgewerbes:[11] der Unterhaltungsindustrie und des Kunstmarkts. Das, was als Kunst gilt, wird von ihrem ökonomischen Wert her maßgeblich mitbestimmt. Kunstwerke nehmen somit die Gestalt von Waren an und dienen entsprechend der Wertmaximierung. Unter dieser instrumentellen Perspektive wird die Erkenntniskraft blockiert, die autonome Kunst entfalten könnte.[12] Zum anderen führt der ästhetische Eskapismus dazu, ebendieses ökonomische Abhängigkeitsverhältnis der Kunst zu verschleiern. Indem Kulturkonservatismus und Kulturindustrie von einer Realitätsbetrachtung entlasten, verschleiern sie die tatsächliche Verwertungslogik, der nicht nur sie selbst unterliegen. Ihr Eskapismus trägt auch dazu bei, dass die Verwertungsdynamik gesamtgesellschaftlich gesehen sich stabilisieren kann.

11 GS 7: 323.
12 Dazu später mehr.

Ästhetische Kritik wird der Kunstautonomie eher gerecht als das hedonistische Kunstverständnis. Sie ist dem Kulturkonservatismus und der Kulturindustrie also aus rein ästhetischen Gründen überlegen. An die Stelle von Eskapismus tritt Erkenntnis:

> »Fortlebende Mimesis, die nichtbegriffliche Affinität des subjektiven Hervorgebrachten zu seinem Anderen, nicht Gesetzten, bestimmt Kunst als eine Gestalt der Erkenntnis, und insofern ihrerseits als ›rational‹. Denn worauf das mimetische Verhalten anspricht, ist das Telos der Erkenntnis, das sie durch ihre eigenen Kategorien zugleich blockiert.«[13]

Nicht Lust, sondern Erkenntnis ist das Ziel, das dem Kunstwerk selbst innewohnt. Erkenntnis macht den ›Geist‹ oder die ›Geistigkeit‹ der Kunst aus, die von Adorno den hedonistischen Kategorien der ›Sinnlichkeit‹ und der ›Lust‹ entgegengesetzt wird. Adorno ordnet Kant, der Kunst als das »interesselose Wohlgefallen« charakterisiert, dem Kunsthedonismus zu,[14] zugegeben: nicht ohne Kant dabei Gewalt anzutun.

Das Konzept ästhetischer Erkenntnis wird dabei von Hegels Bestimmung der Kunst als »das sinnliche *Scheinen* der Idee«[15] vorweggenommen. Der Selbstzweck der Kunst ist Erkenntnis. Sie ist in der Kunst wertvoll nicht aus Gründen eines praktischen Nutzens, sondern ist an und für sich lohnenswert. Kunstwerke verstummen deshalb, sobald sie ein politisches, soziales oder moralisches Ziel befördern sollen. Dies bedeutet dabei keineswegs, dass ästhetische Erkenntnis keine nützlichen Folgen haben darf. Doch nicht erst die Folgen machen sie wert-

13 GS 7: 86 f.

14 GS 7: 31.

15 Hegel, *Vorlesungen über die Ästhetik*, (s. Anm. 3), Bd. I, S. 179.

voll. Kunst besitzt unabhängig von ihren Folgen einen Eigenwert für sich. Autonome Kunst erzeugt Erkenntnis nicht um eines anderen Nutzens, sondern um ihrer selbst willen.

Warum büßt Kunst jedoch ihre Autonomie nicht ein, wenn sie auf Kritik verpflichtet wird? Adornos Antwort stützt sich auf zwei Argumente. Kunst und Kritik stehen nämlich in einer Wechselbeziehung zueinander: Kunst verdankt ihre Autonomie der Kritik. Und umgekehrt verschafft autonome Kunst der Kritik ihre Wirksamkeit.

Kritik trägt also erstens zur Kunstautonomie bei. Autonomie besteht mitunter in der Freiheit von Verwertungsinteressen und deren Verschleierungslogik. Kunstautonomie schließt deshalb die Kritik an solchen Instrumentalisierungen ein. Kritik legt die verdeckte Verwertungsdynamik frei, von der Kunst fremdbestimmt wird. Autonome Kunst zeichnet also nicht Eskapismus aus, sondern im Gegenteil Kritik, die mit realer Fremdbestimmung konfrontiert. Zur autonomen Kunst gehört zwar, dass sie der empirischen Welt Phantasmagorien, Fiktionen und Illusionen entgegensetzt.[16] Diese Ästhetisierung dient jedoch einer kritischen Erkenntnis des Bestehenden. Kunst wohnt also selbst etwas inne, das mehr als Kunst ist:[17] Der Bezug auf eine politische, soziale und moralische Wirklichkeit ist der unverzichtbare Bestandteil autonomer Kunstwerke. Einerseits verliert Kunst dort ihre Autonomie, wo sie vor den Karren politischer, sozialer und moralischen Erkenntnisinteressen gespannt wird. Andererseits behält sie ihre Autonomie nur dann, wenn sie zur Erkenntnis des Bestehenden beiträgt.

Zweitens nimmt Adorno an, dass Kunstwerke kraft ihrer Autonomie zur Erkenntnis befähigen. Erkenntnis entsteht als eine »objektiv erkennende Haltung, die bedeutende autonome

16 GS 7: 10.
17 V 3: 61 f.

Kunstwerke als die adäquate vom Betrachter, Hörer, Leser erwarten«[18]. Kunstwerke bewirken, dass Selbsttäuschungen Erkenntnis weichen. Dies gelingt ihnen jedoch nicht deshalb, weil sie einen kritischen Anspruch vor sich hertragen und sich Kritik auf ihre Fahnen schreiben. Gegenüber einer solchen Tendenzkunst beispielsweise der engagierten Literatur zeichnet sich ästhetische Kritik durch ihre Autonomie aus. »Die kalte Distanz der Erzählung, die noch das Grauenhafte vorträgt, als wäre es zur Unterhaltung bestimmt, lässt das Grauen zugleich erst hervortreten.«[19] Das Kunstwerk dient keinem Zweck des Überzeugens oder Überredens und drängt sich deshalb auch nicht auf. Aber ebendiese selbstgenügsame Zurückhaltung ermöglicht es, Selbsttäuschungen zu unterlaufen und jemanden für das, was vor seiner Schwelle verharrt, zu öffnen. »Nur durch Enthaltung vom Urteil urteilt Kunst.«[20] Diese Zurückhaltung, auf kritische Aussagen zu verzichten, macht Kunst äußerlich verwechselbar mit Unterhaltung. »Amusement, ganz entfesselt, wäre nicht bloß der Gegensatz zur Kunst, sondern auch das Extrem, das sie berührt.«[21] Adorno hat für diese Kommunikation ohne belehrende Adressierung das Bild von der »Flaschenpost«[22] geprägt; sie erreicht einen Empfänger, ohne dass sie an ihn gerichtet ist.[23]

Zur Erkenntnis befähigt, zusammenfassend gesagt, Kunst also nicht aufgrund ausdrücklicher Kritik. Im Namen ihrer

18 GS 7: 360; vgl. 361.
19 GS 3: 98.
20 GS 7: 188.
21 GS 3: 164.
22 GS 12: 126. Vgl. Willem van Reijen / Gunzelin Schmid-Noerr (Hrsg.), *Vierzig Jahre Flaschenpost: ›Dialektik der Aufklärung‹ 1947 bis 1987*, Frankfurt a. M. 1987.
23 Die Metapher der Flaschenpost geht zurück auf Arthur Schopenhauer, Theodor Lessing und Bertolt Brecht.

Autonomie verzichtet sie auf Mitteilungsabsichten. »Gerade der Verzicht auf Einwirkung, durch welchen Kunst von der magischen Sympathie sich scheidet, hält das magische Erbe um so tiefer fest.«[24] Es ist gerade dieser Verzicht auf Mitteilungsabsichten, der den Adressaten – nur scheinbar widersprüchlich – für das Dargestellte zugänglich macht. Kunstwerke entfalten eine Erkenntniskraft am ehesten dann, wenn sie nicht ins Schlepptau eines Erkenntnisprogramms genommen werden. Sie verdanken ihre Erkenntniskraft der Autonomie, die darin besteht, dass die ästhetische Darstellung die Form eines Selbstzwecks annimmt.

1.2 Form und Material

> »Nur wer Musik nicht bloß fühlt, sondern denkt, fühlt sie richtig.«[25]

Adornos Autonomieästhetik steht und fällt mit seinem Konzept der ästhetischen Form. Traditionell wird in der Ästhetik unterschieden zwischen Form und Inhalt, Darstellen und Dargestelltem, also genauer zwischen der Darstellungsform und dem Darstellungsgehalt. Kunstwerke bringen etwas zur Darstellung. Sie drücken etwas aus und besitzen insofern einen Darstellungsgehalt. Wir werden später ausführlicher darauf eingehen, inwiefern sich der ästhetische Darstellungsgehalt von dem propositionalen Gehalt einer Überzeugung oder Aussage unterscheidet. Zunächst kommt es hier darauf an, das Abhängigkeitsverhältnis zu betrachten, in dem der Inhalt eines Kunstwerks zu dessen Form steht. Das, *was* Kunst ausdrückt, kommt zur Erscheinung durch die Art und Weise, *wie* es aus-

24 GS 3:35.
25 F 2:127.

gedrückt wird. Der Darstellungsgehalt wird in der Kunst also wesentlich durch die Form seiner Darstellung bestimmt. Der ästhetische Inhalt ist »etwas durch die Form bis ins Innerste Betroffene«[26]. Neben der Erklärung und dem Bericht bildet die ästhetische Darstellung eine eigenständige Weise des Sagens, wie sich etwas verhält. Ästhetische Darstellung bewegt sich dabei zwischen Belehrung und inhaltslosem Geplapper. Ebenso wie Kunst unter ihrer Moral erstickt, kann sie ins belanglose Geplauder abrutschen. Letzteres geschieht nicht deshalb, weil der Inhalt nicht darstellenswert wäre, sondern weil der Inhalt durch keine adäquate Form der Darstellung gedeckt wird. Wirklichkeit erschließt sich also in der Kunst durch die Art und Weise, auf die sie zur Darstellung gebracht wird.

Die Form des Kunstwerks bildet nun den Grund für dessen Autonomie. Kunstwerke verdanken ihre Autonomie der *ästhetischen Form*. Autonom sind sie aufgrund »der Autonomie des künstlerischen Formgesetzes«[27]. Die Autonomie der Kunst speist sich also ganz aus der Eigengesetzlichkeit ihrer jeweiligen Form.

Mit dem Gedanken der autonomen Form gelingt es Adorno, Kants Bestimmung der Kunstautonomie genauer zu fassen. Kunstwerke sind deshalb ›ohne Zweck‹, weil sie kein bloßes Mittel sind, das der Mitteilung politischer, moralischer oder wissenschaftlicher Inhalte dient. Adorno beschreibt diesen nichtinstrumentellen Charakter als die »vollendete Zweckferne«[28] und »Zweckfremdheit«[29] der Kunstwerke. Dass sie ›ohne Zweck‹ sind, bedeutet jedoch mitnichten, dass sie zwecklos und insofern entbehrlich seien. Ausgesagt wird damit viel-

26 V 3: 15.
27 V 3: 213.
28 GS 7: 125 f.
29 GS 7: 127.

mehr, dass sie keinen äußeren und fremden Zwecken dienen. Kunst ist autonom, indem sie keinem anderen Zweck dient als sich selbst. Autonome Kunstwerke haben demnach die Form eines Selbstzwecks: Ihre Darstellungskraft speist sich nicht aus irgendeinem Gehalt, sondern der Form seiner selbstzweckhaften Darstellung. Das Kunstwerk »soll um seiner selbst willen sein«[30]. Es dient »keinen praktischen Zwecken«[31], sondern nur seinem ästhetischen »Selbstzweck«[32]. »Zweckmäßig sind die Werke in sich.«[33] Ihr ›Unzweckmäßiges‹ ist deshalb nur Schein.[34] Aufgrund ihres Selbstzwecks sind Kunstwerke mit der Zirkusartistik[35] verwandt, die ebenfalls um ihrer selbst willen ausgeübt wird, oder mit dem Feuerwerk[36], das ohne weiteren Zweck für sich schön ist.

Die Rede von der Zweckferne und dem Selbstzweck darf dabei nicht missverstanden werden. Natürlich verfolgt jeder Künstler ein Ziel mit seiner Kunst. Künstler stellen nicht ziellos irgendwelche Gebilde her, sondern setzen konzeptionelle, ethische oder moralische Vorstellungen um, um derentwillen ihnen die Kunst wichtig ist. Deren geradezu ungewöhnlich große Bedeutung erkennt man an den Mühen, Entbehrungen und Unsicherheiten, die Künstler häufig für diese Ziele auf sich zu nehmen bereit sind.

Für Adorno besteht das Fernziel der Kunst in der Erkenntnis, die ihr als Selbstzweck innewohnt und an die Stelle von Selbsttäuschungen treten soll. Die ›Kunst‹ besteht also darin, eine Form zu finden, die das Ziel zu verfolgen erlaubt, ohne

30 GS 7: 41.
31 GS 7: 211.
32 GS 7: 56; vgl. 72 f., 295, 323.
33 GS 7: 188.
34 GS 7: 155, 161.
35 GS 7: 126, 277.
36 GS 7: 49, 125.

dass es *als* Ziel wahrnehmbar wird. Kunst ist »Rettung des Scheins«[37] in dem Sinne der List, die Zwecksetzung kraft der ästhetischen Form als ein ›ohne Zweck‹ erscheinen zu lassen. Eine solche Form besteht in der Art und Weise einer Darstellung, die um ihrer selbst willen erfolgt. Autonome Kunstwerke haben demnach die Form einer selbstzweckhaften Darstellung. Sie stellen etwas frei von Mitteilungsabsichten dar. Obwohl Künstler inhaltliche und konzeptionelle Ziele mit ihrem Werk zwangsläufig verfolgen, bringt das Werk kraft seiner autonomen Form etwas so zum Ausdruck, *als ob* (darin liegt die Rettung des Scheins) es aus dem Grunde dargestellt wird, weil es dargestellt zu werden verdient. Die autonome Form zeichnet sich durch den Selbstzweck seiner Darstellung aus.

Entscheidend ist, dass die selbstzweckmäßige Form – etwas um seiner Darstellung willen darzustellen – die Bedingung dafür ist, dass Kunst ihren Zweck tatsächlich erfüllt. »Ihre Zweckmäßigkeit bedarf [...] des Unzweckmäßigen.«[38] Kunst erreicht ihren Zweck der Erkenntnis nur deshalb, weil sie auf Erkenntnisabsichten verzichtet:

> »Die sinnlosen und sinnfremden Werke des obersten Formniveaus sind darum mehr als bloß sinnlos, weil ihnen Gehalt in der Negation des Sinns zuwächst. [...] Kunstwerke werden, sei es auch gegen ihren Willen, zu Sinnzusammenhängen, wofern sie Sinn negieren.«[39]

Weil Kunstwerke einen Mitteilungszweck verneinen, geben sie den Betrachtern ihren Gehalt preis. Der Darstellungsgehalt findet sich im Kunstwerk also nicht in Gestalt eines *fabula*

37 GS 7: 164.
38 GS 7: 155.
39 GS 7: 231; vgl. 235.

docet oder einer Inhaltszusammenfassung, sondern erschließt sich im Gegenteil unter der Bedingung, dass mit keiner Einsicht aufgetrumpft und der Betrachter nicht mit Forderungen konfrontiert wird. Der ästhetische Verzicht auf Mitteilungsabsichten ermöglicht es, dass ein Darstellungsgehalt sich zeigt. Kunst besitzt einen Darstellungsgehalt nur deshalb, weil sie niemanden zu überzeugen sucht, sondern etwas allein um seiner Darstellung willen ausdrückt. Etwas wird in einer Geste dargestellt, als würde jemand – gleichsam vor sich hin redend – an es allein deshalb erinnern, damit es nicht verlorengeht.

Als Paradebeispiel für Kunstwerke, die durch ihre Mitteilungsverweigerung etwas darstellen, gelten Adorno die hermetischen Gedichte von Hölderlin und Mallarmé, die eine Aussage konsequent verweigern, aber dadurch einen Darstellungsgehalt preisgeben.[40] In der autonomen Kunst wird nichts dargestellt, was sich unabhängig von der selbstzweckmäßigen Form des Darstellens zeigen könnte. Zwischen Artikulation und Artikuliertem besteht deshalb keine Differenz.[41] Die ästhetische Darstellung gibt erst dank ihres Selbstzwecks einen Darstellungsgehalt zu erkennen. Sie erzeugt eine Empfänglichkeit für das Dargestellte mit, indem sie auf Mitteilungsabsichten verzichtet. Sie beabsichtigt keinen Denkanstoß, verfolgt einen solchen nicht als Ziel und vermag dennoch – und gerade deshalb –, ihn auszulösen und für ihn einzunehmen. Weil die Darstellung zum Selbstzweck wird und Mitteilungsabsichten zurückstellt, schafft sie die Voraussetzung, dass man für einen Denkanstoß empfänglich wird.

Damit wird auch klar, weshalb unter dem ökonomischen Verwertungsdruck die Quellen versiegen, aus denen sich eine wahrheitsfähige Erkenntnis speist. Die Verwertungslogik lässt

40 GS 7: 115.
41 GS 7: 137.

nur gelten, was als Mittel zur Gewinnsteigerung dient. Für einen Selbstzweck, wie ihn Kunstwerke verkörpern, ist hier kein Raum. Kunstwerke verdanken aber ihre Kraft zur Kritik von Selbsttäuschungen der selbstzweckhaften Form. Die Verwertungslogik verhindert also, dass an die Stelle von Selbsttäuschungen Erkenntnis treten kann.

Adorno entwickelt diesen Formgedanken am Leitfaden der Mimesis, also der Nachahmung. Kunstwerke ahmen weniger einen Gehalt als vielmehr eine objektive Form nach. Die objektive Form entlehnt Adorno beispielhaft aus dem Naturschönen. Das Naturschöne steht für den objektiven Vorgang eines ›intentionslosen Erscheinens‹.[42] Etwas kommt ohne die subjektive Intention einer Person zur Erscheinung. Es bringt sich vielmehr zum Ausdruck, ohne dass es aus einer Absicht des Überzeugens, Mitteilens oder Darlegens hervorgeht. Das Naturschöne kann seinen Betrachter in den Bann schlagen, ohne dass dies das Ergebnis irgendeines Willens ist. Es spricht gleichsam selbst, als habe es eine eigene Sprache.[43] Der Gedanke einer natürlichen Sprache bedeutet dabei, dass etwas von sich aus beredt wird und uns anspricht.[44] Entscheidend ist, dass das Ansprechen vom Objekt selbst ausgeht und dem Betrachter nicht als die subjektive Absicht eines Autors entgegenkommt.

Das Kunstschöne nun ahmt diese natürliche Sprache nach. »Kunst ahmt nicht Natur nach, auch nicht einzelnes Naturschönes, sondern das Naturschöne an sich.«[45] Das Kunstschöne ist damit weder Imitation eines Gegenstandes noch die Nachahmung einer Idee, etwa der Liebe, der Wahrheit oder der

42 GS 7: 19, 47.
43 GS 7: 111–115, 120.
44 Zur Frage nach diesem Sprachcharakter später mehr: S. 173–181.
45 GS 7: 113; vgl. 111.

Hoffnung. Vielmehr ahmt das Kunstschöne den Charakter der natürlichen Sprache nach, also das intentionslose Erscheinen, das nicht auf die instrumentelle Absicht einer Person zurückgeht.

Damit verbindet Kunst scheinbar Unvereinbares. Einerseits geht der Darstellungsgehalt aus einem objektiven Vorgang der natürlichen Sprache hervor. Andererseits ist der Darstellungsgehalt eines Werks das Ergebnis einer künstlerischen Tätigkeit. Das Kunstwerk ist ein Gemachtes, d.h. ein Artefakt, das hergestellt wird. Kunstwerke konfrontieren uns mit der Verständnisschwierigkeit, dass ein intentionsloses Erscheinen durch menschliche Intentionen ermöglicht wird. Ästhetische Nachahmung, also Mimesis, ist das scheinbar paradoxe Herstellen einer natürlichen Sprache. Sie wird von Adorno beispielhaft an konkreten Werken erörtert: Neben den Aphorismen von Paul Valéry[46] und der Lyrik Rudolf Borchardts[47] sind für ihn vor allem die Kompositionen von Ludwig von Beethoven[48] musterhafte Beispiele für ästhetische Mimesis.

Die künstlerische Herstellung besteht darin, dem Werk eine autonome Form zu geben. Wörter, Töne und Bilder fügen sich jeweils zur Form einer selbstzweckhaften Darstellung. Dieser Prozess der Formgebung besitzt sechs Eigenschaften, nämlich Stimmigkeit, Objektivität, Konstruktion, das Neue, Materialbeherrschung und Fortschritt.

(1.) Stimmigkeit: Die Formgebung folgt einer inneren Logik. Die ästhetische ›Logizität‹, ›Stringenz‹, ›Konfiguration‹, ›Konstellation‹, ›Kommunikation alles Einzelnen in ihm‹ oder ›Stimmigkeit‹ des Kunstwerks ist weder eine Logik des Satzes noch des Gedankens, sondern die Logik eines Darstellens,

46 GS 11: 198–202.
47 GS 11: 536–540.
48 F 1.

das etwas einen Ausdruck frei von Mitteilungsgehalten verleiht.[49] Die materiellen Elemente, Formprinzipien und Variationen gelangen hier in Einklang miteinander. Das Kriterium dieser Stimmigkeit ist der Selbstzweck der Darstellung. Ein Kunstwerk ist dann stimmig, wenn es ihm gelingt, etwas um seiner Darstellung willen auszudrücken. Gibt dagegen der Künstler eine Mitteilungsabsicht zu erkennen, fällt die Stimmigkeit in sich zusammen.

(2.) Objektivität: Die Stimmigkeit geht auf eine objektive Logik zurück, die dem Werk selbst zukommt. Die Formgebung liegt nicht im Belieben eines künstlerischen Willens. Sie erfolgt vielmehr entsprechend einer objektiven Logik des Werks selbst. In der Formgebung wird das, was das Werk an Problemen, Strukturen und Zusammenhängen selber mitbringt, sozusagen nur nachgezeichnet. Der Künstler schmiegt sich der Logik an, die dem Werk selbst zukommt. Er handelt nicht als ein Schöpfungssubjekt, sondern gibt sich, wie Adorno es ausdrückt, der objektiven Logik hin, erlischt in ihr oder überlässt sich ihr völlig.[50] Allerdings ist die objektive Logik keine zeitlose und ursprüngliche Gleichung, die durch unverdorbene, authentische oder tiefsinnige Kunsteinsicht aufgespürt werden könnte. Sie ist vielmehr das Ergebnis einer Konstruktion.

(3.) Konstruktion: Durch Konstruktion wird ein Material geformt, ohne dass Form oder Material ursprünglich vorgegeben sind. Beide müssen konstruiert werden. Konstruktion sei also »die Form der Werke, die ihnen nicht länger fertig auferlegt ist, die aber auch nicht aus ihnen aufsteigt, sondern die ihrer Reflexion durch subjektive Vernunft entspringt«[51]. Durch Konstruktion wird also das Material geformt. Der Materialbegriff

49 V 3: 21.
50 V 3: 103, 109, 121.
51 GS 7: 330.

wird von Adorno insbesondere anhand der Musik erläutert. Er widmet sich ihm nicht nur in seinen allgemeinen Überlegungen zur Ästhetik, deren Bezugspunkt oftmals die Musik ist, sondern auch in seinen musiktheoretischen Schriften und eigenen Kompositionen. Das musikalische Material bildet für ihn den Werkstoff, aus dem durch musikalische Arbeit ein Werk geformt wird.[52] Die Werkstoffe der Musik sind der Tonbestand (Anzahl der Töne, Tonhöhe, Tondauer, Lautstärke, Klangfarbe) und die verschiedenen Arten der Tonbeziehungen (etwa Harmonik, Rhythmik, Melodik oder Tonsysteme). Durch kompositorisches Tun werden Töne von Geräuschen getrennt und in Beziehungen zueinander gesetzt, in denen sie einen bestimmten Sinn gewinnen. Adorno verweist in diesem Zusammenhang zu Recht auf die Tatsache, dass Form und Material geschichtlich vermittelt sind und keine ursprünglichen Naturkonstanten bilden. »Ästhetische Form ist sedimentierter Inhalt«[53] in dem Sinn, dass jede Form selbst das Resultat einer bestimmten Formgebung ist. Insoweit gibt es keine ursprüngliche Form, der sich Kunstwerke anzunähern hätten. Auch das verfügbare Material, das zu einem Werk geformt werden soll, ist das Ergebnis vorausgehender Kompositionsarbeit.

Auf den ersten Blick erscheint die Formgebung deshalb als eine reine Selbstbeziehung und damit als ein Widerspruch. Denn einer Form würde scheinbar etwas gegeben werden, das bereits geformt ist. Tatsächlich aber kann eine Form nur demjenigen gegeben werden, das nicht bereits eine Form hat, also nur dem Material als dem Anderen der Form. Ein ursprüngliches Material, das selbst nicht historisch geformt ist, gibt es jedoch nicht. Also kann das formbare Material nur das

52 Vgl. Gunnar Hindrichs, »Der Fortschritt des Materials«, in: Klein / Kreuzer / Müller-Doohm, *Adorno-Handbuch*, S. 47–58.

53 GS 7: 15; vgl. V 3: 15, 241; GS 11: 469.

sein, was über die Selbstbeziehung hinausgeht. Das Material, dem eine Form gegeben wird, setzt sich aus denjenigen Tonbeständen und -beziehungen zusammen, die sich von denen der überlieferten Werke unterscheiden. Das formbare Material ist die Differenz zum vorgeformten Material bisheriger Werke. Es besteht in der Differenz zwischen den alten Werken und dem gegenwärtigen Werk, mit einem Wort: Es ist das Neue.

(4.) Neue Kunst: Eine Formgebung gelingt aus diesem Grunde durch die Schaffung einer neuen Form. Kunst hat demnach nur als Avantgarde Bestand. Musikalisches Material wird geformt, indem Tonbestände und -beziehungen im Verhältnis zur bestehenden Musik anders gestaltet werden, also: indem sie neu gestaltet werden. Neue Kunst wird somit aus dem Problembestand der alten Kunst entwickelt. »Die Spuren in Material und Verfahrensweisen, an die jedes qualitativ neue Werk sich heftet, sind Narben, die Stellen, an denen die voraufgegangenen Werke mißlangen.«[54] Die musikalische Arbeit muss Forderungen genügen und Probleme lösen, die sich aus der bisherigen Kunst ergeben. Die sogenannten ›Probleme‹ alter Kunst stellen sich als die Aufgabe, eine alternative Gestaltungsmöglichkeit zu finden. Tonbestand und -beziehungen werden neu gestaltet, indem sie in einem präzisen Sinn anders als die bisherige Kunst zu gestalten sind.

(5.) Materialbeherrschung: Die ästhetische Kategorie des Neuen setzt das voraus, was Adorno als rationale Materialbeherrschung beschreibt. Mit einem neuen Kunstwerk wird das ästhetische Material zu einer Gestalt geformt, die es so vorher nicht gab. Durch musikalische Arbeit wird somit ein bisher unverfügtes Material verfügbar gemacht. Die Formgebung findet als ein Prozess der Materialbeherrschung statt, in dem

54 GS 7: 59; vgl. 40, 300, 312–316.

ein Material verfügbar gemacht wird, das sich in dieser Form der bisherigen Kunst entzog. Das Besondere dieser Materialbeherrschung liegt in ihrer Rationalität. Die Tonbestände und -beziehungen alter Musikwerke müssen theoretisch erfasst werden, um bestimmen zu können, was ihnen gegenüber eine alternative Gestaltungsmöglichkeit sein kann. Neue Kunst lässt sich deshalb nur den traditionellen Kunstwerken abringen, die rational durchdrungen und erfasst wurden. Die Materialbeherrschung erfolgt in der Musik über die begriffliche Erkenntnis der traditionellen Tonbestände und -beziehungen und nimmt insoweit die Gestalt einer ästhetischen Rationalität an. Sie ist die rationale Entstehungsbedingung für Kunstwerke und bildet die unterste Stufe der ästhetischen Rationalisierung, kraft derer verzerrte Einstellungen nachhaltig verändert werden.

(6.) Fortschritt: Unter der Voraussetzung, dass neue Kunstwerke aus den Lösungen der Probleme vorausgehender hervorgehen, vollzieht die Geschichte der Kunst einen Fortschritt. Dieser Fortschritt der Materialbeherrschung ist jedoch nicht zwangsläufig ein Fortschritt der höheren Qualität. Außerdem verläuft er weder linear, noch betrifft er das jeweilige Kunstwerk im Ganzen. Er kann vielmehr nur Detailprobleme betreffen:

> »Schließlich ist Fortschritt doch nicht nur einer von Materialbeherrschung und Vergeistigung sondern einer des Geistes im Hegelschen Sinn des Bewußtseins seiner Freiheit. Ob die Materialbeherrschung bei Beethoven über die Bachs hinaus fortschritt, darüber ist endlos zu disputieren; von diesem und jenem wird das Material nach verschiedenen Dimensionen vollkommener gemeistert. Die Frage, wer von beiden höher rangiere, ist müßig; nicht die Einsicht, daß die Stimme der Mündigkeit des Subjekts, Emanzipation vom

Mythos und Versöhnung mit diesem, also der Wahrheitsgehalt, bei Beethoven weiter gedieh als bei Bach. Dies Kriterium überflügelt jegliches andere.«[55]

Der Fortschritt der Kunst vollzieht sich als ein Prozess ihrer zunehmenden Autonomie. Beethovens Musik ist autonomer als die Bachs, indem sie ohne deren theologischen Kontext auskommt.

Adorno setzt mit der rationalen Materialbeherrschung ein zentrales Motiv seines Dialektikkonzepts um, dem zufolge über den Begriff hinausgegangen wird kraft des Begriffs.[56] Kunstwerke rationalisieren Einstellungen zwar vermöge eines Sprachcharakters, der von diskursiver Rationalität verschieden ist. Ästhetische Vernunft geht insoweit über diskursive Rationalität hinaus. Zu ihr gelangt man jedoch nicht über einen ›Weg zurück‹, der ins Vorrationale und Ursprüngliche führt. Vielmehr stellt die rationale Materialbeherrschung eine unüberwindbare Bedingung ästhetischer Vernunft dar. »Kunst ist Rationalität, welche diese kritisiert, ohne sich ihr zu entziehen.«[57] Diskursive Rationalität gelingt es nur dann zu überschreiten, indem man sie durchschreitet.

1.3 Ästhetische Beredtheit

Kunstwerke zeichnet laut Adorno ein unverwechselbarer Sprachcharakter aus. Dieser Punkt wurde bereits unter dem Gesichtspunkt der Mimesis berührt, entsprechend dem Kunstwerke eine natürliche Sprache nachahmen.[58]

55 GS 7: 316.
56 Siehe S. 64 f.
57 GS 7: 87.
58 Vgl. hier S. 167.

Diese Frage nach der Bedeutung des Sprachcharakters der Kunst soll nun wieder aufgegriffen werden: Was ist und leistet der ästhetische Sprachcharakter, dem zufolge Kunstwerke selbst eine Sprache haben? Der Sprachcharakter oder die Sprachähnlichkeit des Kunstwerks wird von Adorno auch als deren Beredtheit beschrieben. Kunstwerke sind insofern beredt, als sie uns ansprechen und uns etwas sagen. Diese Beredtheit benennt die bekannte Erfahrung, dass man sich von einem bestimmten Gedicht, Bild oder Lied angesprochen fühlt. Solche Kunstwerke nehmen auf unverwechselbare Weise unsere Aufmerksamkeit in Beschlag, fordern unser Interesse oder stiften Einsichten. Umgekehrt können uns Kunstwerke auch kalt lassen, weil sie uns nichts sagen und stumm bleiben.

Mit seinem Konzept des Sprachcharakters greift Adorno auf eigenwillige Weise den Begriff des Schönen auf. Das Schöne wird von ihm sprachtheoretisch gedeutet: Es tritt als der Sprachcharakter des Kunstwerks in Erscheinung. Das Schöne zeichnet sich durch eine Anziehungskraft aus, die den Betrachter unwiderstehlich in ihren Bann zieht, oder mit anderen Worten: Man fühlt sich zu ihm hingezogen. Die einnehmende Kraft des Schönen weckt ein bestimmtes Begehren nach dem Schönen, wobei das Schöne dieses Begehren selbstreferentiell erzeugt. Das Schöne selbst stiftet ein Begehren nach diesem. Nicht findet ein bestehendes Begehren sein Objekt. Das Schöne – sein Objekt – erzeugt vielmehr das Begehren nach ihm.

In der Tradition wurden zwei unterschiedliche Erklärungen dafür geliefert, was hier genau begehrt wird. Die hedonistische Theorie des Schönen bezieht das Begehren auf Lust. Das Begehren richtet sich hier auf die sinnliche Dimension der Kunsterfahrung, d.h. auf das lustvolle Erleben von Kunst. Es wird ein Begehren geweckt nach der betörenden Süße einer Arie, dem reizvollen Verweilen beim Anblick eines hinreißenden Porträts oder der berauschenden Teilhabe an einer packenden Erzählung bei deren Lektüre. Begehrt wird hier stets das lustvolle Erleben von Kunst. Dabei stiftet das Schöne selbstreferentiell dieses Begehren: Die betörende Süße einer Arie bewirkt, dass man ihr zuhören will, ihre anhaltende und ungestörte Wahrnehmung begehrt.

Die rationalistische Theorie des Schönen bezieht das Begehren demgegenüber auf Erkenntnis. Das Schöne bewirkt, dass man nach der Erkenntnis des jeweiligen Kunstwerks begehrt. Man begehrt, das Kunstwerk zu verstehen und seinen Gehalt zu erschließen. Das Schöne wirkt als die immersive, in sich hineinziehende Kraft der Kunst, uns neugierig, skeptisch oder gedankenvoll zu stimmen. Die Anziehungskraft des Schönen liegt demnach nicht im sinnlichen Genuss, sondern im Reiz, der Bedeutung des jeweiligen Kunstwerks nachzuspüren. Das Schöne lädt geradezu dazu ein, sich mit seinem Gehalt auseinanderzusetzen.

Adorno reiht sich mit seiner Annahme, dass Kunst kraft ihres Sprachcharakters Erkenntnis stiftet, zunächst in die rationalistische Tradition des Schönen ein. Allerdings gibt er ihr eine besondere Wendung, insofern er das Konzept des Sprachcharakters in seinen Dialektikansatz einbettet und auf die Frage bezieht, wie Erkenntnis im Widerstreit mit einer Entlastung von ihr erzeugt werden kann. Der Sprachcharakter befreit nicht bloß ein Erkenntnisvermögen, das durch äußere Umstände blockiert ist. Vielmehr erzeugt der Sprachcharakter ein Interesse an Erkenntnis, das zuvor nicht bestand, indem er Selbsttäuschungen aushebelt und an deren Stelle ein ›Verstehenwollen‹ treten lässt.

Die ästhetische Beredtheit erfüllt die machttheoretische Bedingung von Kritik.[59] Ästhetische Kritik kommt mit einer Macht zur Geltung, die im Widerstreit mit Selbsttäuschungen

59 Siehe S. 52–54.

einer Erkenntnis zum Durchbruch verhilft. Diese Macht kommt als Sprache zum Ausdruck. Ästhetische Beredtheit wirkt wie ein »Kraftfeld«[60], das unsere Aufmerksamkeit für etwas weckt, das man zuvor nicht sah. Die eigentümliche Macht des Kunstwerks, uns in Nachdenklichkeit hineinzuziehen, geht von seiner Beredtheit aus. Literatur, Musik und Kunst sprechen uns an, indem sie aus Wörtern, Tönen und Bildern anderes, Erfahrungen machen. Lebendig sind Kunstwerke »als sprechende«[61]. Erst als beredte Gebilde werden sie Gegenstand einer Erfahrung, die uns treffen und verwandeln kann.

Die ästhetische Kritik sieht sich dabei einer besonderen Schwierigkeit ausgesetzt, denn sie kann keine Offenheit ihr gegenüber voraussetzen. Ihre Adressaten entlasten sich von einem Erkenntnisinteresse und sind deshalb für sie unzugänglich. Ästhetische Kritik muss deshalb eine Zugänglichkeit für sie selbst miterzeugen. Dies gelingt ihr kraft des Sprachcharakters. Beredte Kunstwerke mobilisieren ein Erkenntnisinteresse, das zuvor nicht bestand. Dieses Erkenntnisinteresse betrifft insbesondere ihre Bedeutung. Beredte Kunstwerke stiften ein Interesse, das zu verstehen, was das Kunstwerk ausdrückt. Indem Kunstwerke also selbstreferentiell ein Erkenntnisinteresse an ihrer Bedeutung schaffen, erzeugen sie die Empfänglichkeit für sie mit.

Der Sprachcharakter der Kunst unterscheidet sich von der diskursiven Sprache: »Ihre den praktischen Zwecken entäußerte Zweckmäßigkeit ist ihr Sprachähnliches, das Ohne Zweck ihr Begriffsloses, ihr Unterschied von der signifikativen Sprache.«[62] Ihr Sprachcharakter erschöpft sich nicht in der Vermittlung von Bedeutungen und befindet sich deshalb nicht auf einer seman-

60 V 3: 273.
61 GS 7: 14.
62 GS 7: 211.

tischen Ebene. Die ›bedeutungsferne‹, ›nicht sagende‹, ›nicht diskursive‹, ›sprachlose‹, ›mimetische‹, ›nicht begriffliche‹, ›nicht signifikative‹ Sprache der Kunst[63] liegt eine Ebene tiefer und betrifft den Willen, der auf Erkenntnis zielt. Es geht bei ihr weniger um ein Verstehen, *was* etwas ist, als darum, *dass* man etwas verstehen will. Sie fällt nicht in den Gegenstandsbereich einer Bedeutungstheorie, sondern in den der motivationalen Frage, wie die Bereitschaft mobilisiert wird, sich selbst dann auf einen Erkenntnisprozess einzulassen, wenn man zugleich mit einfachen Antworten vorliebnimmt. Kraft ihres Sprachcharakters stellen Kunstwerke etwas auf eine Weise dar, die dem Betrachter zugleich erschließt, dass dies ihn angeht und für ihn bedeutsam ist. Unabhängig davon, wie jemand die Dinge letztlich beurteilt: Kraft der Beredtheit erfährt er zuvor, dass ihre Beurteilung ihm wichtig ist. Die Beredtheit erzeugt auf Seiten des Betrachters weder ein fertiges Urteil, das von ihm erst zu bilden ist, noch das Urteilsvermögen, das ihn erst in die Lage versetzen würde, ein Urteil zu fällen. Vielmehr löst die Beredtheit ein Interesse an der Beurteilung aus. Wie gesagt: Ein Kunstwerk wird beredt, indem es beim Betrachter den Willen hervorbringt, es verstehen zu wollen.

Die ästhetische Beredtheit ist wiederum der diskursiven Sprache darin ähnlich, dass sie als ein kommunikativer Akt des Ansprechens ausgeübt wird. Dieses Angesprochen*werden* widerfährt und stößt einem zu. Es verleiht der Kunstbegegnung den passivischen Charakter einer Erfahrung. Kern der ästhetischen Erfahrung ist, dass dieses Angesprochenwerden auch wahrgenommen wird. In ihr wird nicht eine propositionale Aussage, sondern eben dieses Angesprochenwerden erschlossen. Kunstwerke sind »ein in sich selber Sprechendes«[64]. Sie

63 GS 7: 105, 116, 121 f., 171, 251.
64 V 3: 23.

selbst haben eine Sprache in dem Sinn, dass sie Akteur von Kommunikation sind. »Ihr immanenter Prozeß tritt nach außen als ihr eigenes Tun, nicht als das, was Menschen an ihnen getan haben und nicht bloß für die Menschen.«[65] Das Interesse an Erkenntnis wird nicht vom Betrachter selbst angestoßen, sondern durch das Ansprechen, das ihm entgegenkommt und begegnet. Natürlich sind wir es, die ein Erkenntnisinteresse haben, wenn wir etwas verstehen wollen. Mobilisiert wird dieses Interesse jedoch nicht von uns, sondern vom Kunstwerk, das in seiner Beredtheit uns entgegenkommt. Das Erkenntnisinteresse ist das Ergebnis nicht eines subjektiven Akts, sondern eines objektiven Vorgangs, der vom Werk ausgeht. Dieses Entgegenkommen macht sich gegen die Einstellungen des Betrachters und dessen Haltung geltend, an vermeintlichen Gewissheiten festzuhalten. Quelle des Entgegenkommens ist die Darstellungsform autonomer Kunstwerke, die etwas um der Darstellung willen darstellen. Der Sprachcharakter erzeugt ein Erkenntnisinteresse und geht auf die autonome Form einer Darstellung zurück, die um ihrer selbst willen erfolgt.[66]

Das beredte Kunstwerk besitzt daher einen ›Rätselcharakter‹.[67] Dieser ist nicht mit einem Kunstmystizismus zu verwechseln, dem zufolge jedes Kunstwerk ein Geheimnis hütet: als könnten Kunstwerke nicht verstanden werden, da ihr Geheimnis sich der ›richtigen‹ Interpretation widersetze. Mit dem Rätselcharakter unterstreicht Adorno vielmehr, dass das Erkenntnisinteresse nicht vom Betrachter, sondern vom Werk erzeugt wird.

An diesem Punkt nutzt er den sachlichen Unterschied zwischen Frage und Rätsel. Fragen setzen strukturell ein Erkennt-

65 GS 7: 125.
66 V 3: 193.
67 GS 7: 182–193.

nisinteresse voraus: Man stellt eine Frage deshalb, weil man ein Interesse an einer Antwort, Lösung oder Erkenntnis hat. Beim Rätsel verhält es sich umgekehrt: Rätsel setzen nicht notwendig ein Erkenntnisinteresse voraus, sondern entfachen es. Sie konfrontieren jemanden mit einer Frage, Aufgabe oder einem Problem und verlangen ihm ein Interesse an der Lösung ab. Ähnlich, wie ein Rätsel bei jemandem den Wunsch erzeugt, es zu lösen, wecken beredte Kunstwerke beim Betrachter den Willen, seinen Gehalt zu verstehen.[68] Eine fragende Einstellung des Betrachters wird nicht vorausgesetzt, denn das Kunstwerk und dessen Rätselcharakter bringen sie erst hervor. Nicht geht jemand mit einer Frage auf das Kunstwerk zu, sondern die Fragehaltung wird vom Kunstwerk wie von einem Rätsel angestoßen, dessen Auflösung erwartet wird. Sprach- und Rätselcharakter zeichnen sich deshalb durch eine bestimmte Responsivität aus: Der Betrachter antwortet dem Kunstwerk und dessen Rätselcharakter.

Adornos Konzept ästhetischer Vernunft ist damit eingeholt und kann nun vor dem Hintergrund seiner Dialektik betrachtet werden. Kunstwerke rationalisieren Einstellungen, indem sie ein Interesse an Erkenntnis entfachen, das an die Stelle von Selbsttäuschungen tritt. Diese rationalen Effekte werden vom Sprachcharakter erzielt, denn er mobilisiert dort ein Verstehenwollen, wo es zuvor nicht bestand. Er entriegelt nicht nur ein Vernunftvermögen, das durch äußere Umstände blockiert war. Vielmehr erzeugt er ein Erkenntnisinteresse, von dem man sich trotz günstiger Umstände entlasten kann. Das Interesse an Erkenntnis vermag sich gegen eine eigenständige Gegenkraft durchzusetzen, indem die Kunsterfahrung von ihrem Adressaten Besitzt ergreift, sich seines Verstehenwollens bemächtigt. Kunst lässt Erkenntnis an die Stelle von Selbst-

68 V 3: 205.

täuschungen treten und verwirklicht somit eine dialektische Vernunft, der zufolge sich Erkenntnis gegen ihre Entlastung durchsetzen muss.

Unter diesem Blickwinkel können wir nun den Sinn, aber auch die Grenzen von Jürgen Habermas' Kritik an Adornos Ästhetisierung der Vernunft abschätzen. Mit dem Konzept einer ästhetischen Vernunft habe Adorno »die Abtretung der Erkenntnis-Kompetenz an die Kunst«[69] besiegelt. Kunst werde von Adorno mit einem Erkenntnisprivileg geadelt, das die Philosophie und überhaupt jede Wissenschaft unwiederbringlich verloren habe. Diese Geringschätzung diskursiver Rationalität zugunsten ästhetischer Vernunft rücke Adorno in eine gefährliche Nähe zu seinem Erzfeind Heidegger.

Will man Habermas' Kritik nicht ins offene Messer laufen, so muss man eine Lesart anbieten, die Adornos Gewichtung der ästhetischen Vernunft nicht bestreitet, aber auch nicht überbewertet. Im Kontrast zu Habermas vertritt Adorno die kritische These, dass sich allein auf der Grundlage der diskursiven Rationalität nicht erklären lässt, weshalb Vernunft zur Wirklichkeit kommt. Denn Argumente allein sind keine hinreichende Bedingung für Erkenntnis, weil sie für sich betrachtet nicht zur Kritik von Selbsttäuschungen imstande sind. Der Kunst hingegen traut Adorno eine solche Kritik zu. Er führt dabei am Leitfaden der Kunst zwei Gedanken aus, die für einen Vernunftbegriff zentral sind: Vernunft verwirklicht sich (dies macht ihre Dialektik aus) über die Verneinung ihres Gegenteils, das eine selbstständige Kraft ist und die Gestalt von Selbsttäuschungen annimmt. Und diese Vernunft verdankt sich einer autonomen Form der Sprache.

69 Jürgen Habermas, *Theorie des kommunikativen Handelns*, Bd. 1, Frankfurt 1987, S. 514.

Habermas liest Adorno so, dass beide Momente *ausschließlich* von der Kunst eingelöst werden. Eine alternative Lesart lautet, dass Adorno beide Gedanken nur *paradigmatisch* an der Kunst ausführt. Diese Lesart lässt die Möglichkeit zu, die Vernunft, welche an der Kunst modellhaft ausgewiesen wird, auch anderen Geltungsbereichen zuzuordnen. Es wäre einen Versuch wert, genauer zu untersuchen, ob die autonome Form der Sprache und ihre Kraft zur Kritik von Selbsttäuschungen nicht auch in der Kommunikation, Kooperation und Kultur wirksam sein können.[70] Zutreffend ist, dass Adorno diesen Weg nicht selbst beschritten hat. Nicht weniger richtig aber ist, dass er die Möglichkeit, diesen Weg zu beschreiten, nirgends ausschließt. Die Textgrundlage jedenfalls gibt keinen Beleg für Habermas' Lesart her, dass Adorno jene Vernunft, die er anhand der Kunst nachzeichnet, anderen Geltungsbereichen abspricht.

1.4 Der Darstellungsgehalt der Kunst

Noch offengeblieben ist die Frage nach dem Darstellungsgehalt, dem ›geistigen Gehalt‹ oder ›Wahrheitsgehalt‹ der Kunst. Kunstwerke erzeugen zwar ein Verlangen, ihren Gehalt zu verstehen. Es stellt sich aber die Frage, welchen Darstellungsgehalt Kunstwerke überhaupt haben. Darstellungsgehalt und Verstehen korrespondieren miteinander. Ein Kunstwerk wird dann verstanden, wenn man versteht, was es darstellt. Was aber stellen Kunstwerke dar und geben sie zu verstehen?

Zwei Extrempositionen scheiden als mögliche Antworten aus: Die Ansicht, dass Kunst empirische Tatsachen darstelle, greift offenkundig zu kurz, denn sie verschleift den Unter-

70 Tilo Wesche, *Wahrheit und Werturteil. Eine Theorie der praktischen Rationalität*, Tübingen 2011, Kap. 6.

schied zwischen symbolischem und empirischem Wissen. Weder wird in Herman Melvilles *Moby Dick* ein weißer Wal gejagt, den es tatsächlich gibt, noch geht es in Franz Schuberts *Winterreise* um den Reisebericht einer Wanderung, noch ist es Vincent van Gogh in seinen *Sonnenblumen* um eine botanische Beobachtung zu tun. Der Gehalt eines Kunstwerks geht nicht mit dem Sachverhalt auf, der durch Abbildung wiedergegeben wird.

Die Gegenposition, Kunstwerke hätten keinerlei Darstellungsgehalt, geht jedoch nicht weniger fehl. Zumindest die drei genannten Kunstwerke widmen sich durchaus einem bestimmten Sachverhalt. Auf symbolische Weise beschreiben sie das Themenfeld Abschied, Vergänglichkeit und Tod. Weder ähnelt der ästhetische Darstellungsgehalt also dem propositionalen Gehalt einer Aussage, noch kommen Kunstwerke ohne einen Darstellungsgehalt aus. Ein Verständnis dessen, was den Darstellungsgehalt der Kunst ausmacht, muss also zwischen diesen Extremen gesucht werden.

Ebenso wenig wie der Künstler irgendeine Intention in das Werk hineinlegt, geht das ästhetische Verstehen im Herausklauben einer Intention auf. Ästhetisches Verstehen erfordert vielmehr Erfahrung *und* Reflexion, also ein distanzloses Sichüberlassen, Versenken, Mitvollziehen und zugleich die distanzschaffende Reflexion von Analyse, Kritik und Kommentar, die dem autonomen Formgesetz Rechnung trägt.[71] Dies gilt für Betrachter, Hörer und Leser wie für den Interpreten bei der Aufführung eines Werks gleichermaßen.[72] Es bedarf deshalb sowohl der konkreten Kunsterfahrung als auch der theoretischen Reflexion auf die Form, damit sich dem Betrachter der Darstellungsgehalt erschließt.

71 V 3: 33–35, 201 f.
72 F 2: 161.

Kunstwerke verdanken ihren Darstellungsgehalt der Autonomie des künstlerischen Formgesetzes. »Wahr ist an der Kunst ihr Gehalt«, und »dieser Gehalt kristallisiert sich eben allein unter ihrem Formgesetz«[73]. Dieser Gehalt ist dabei weder mit dem Formgesetz noch mit dem realen Sachverhalt identisch, auf den sich das Werk bezieht, sondern besteht in der »Beziehung« oder dem »Verhältnis« zwischen beiden.[74] Er liegt in der sachhaltigen Erkenntnis, die durch die autonome Form erzeugt wird. Der ästhetische Gehalt besteht im jeweiligen Erkenntnisakt, den Kunstwerke kraft ihrer autonomen Form mobilisieren. Zu solchen Darstellungsgehalten zählt neben Sehnsucht, Trauer und Glück[75] insbesondere die Hoffnung. Bevor auf das Hoffen im nächsten Unterkapitel eingegangen wird, sollen zunächst die Grundzüge von Adornos Theorie des ästhetischen Darstellungsgehalts behandelt werden.

Kunstwerke von der antiken Tragödie über die klassische Oper bis zur expressionistischen Malerei beschreiben trotz ihrer gelegentlich schönen Stellen zumeist Negativitätserfahrungen. Vor allem moderne Kunstwerke rücken das sogenannte ›Dissonante‹ als »Signum aller Moderne«[76] in den Mittelpunkt und stellen Pathologien dar, die zum Umfeld von Entfremdung und beschädigtem Leben gehören.[77] Kunstwerke machen dabei ›Leiden beredt‹, indem sie Pathologien nicht nur darstellen, sondern auch für deren Erkenntnis zugänglich machen.[78] Kunstwerke erschließen ihren Betrachtern Pathologien, die ansonsten verdeckt geblieben wären. Ihr Darstellungsgehalt ist dabei nicht bloß negativ. »Das dissonierende Moment ist

73 V 3: 257; vgl. 221.
74 V 3: 331.
75 GS 7: 170, 217.
76 GS 7: 29.
77 V 3: 66 f.
78 Siehe S. 46.

Schmerz und Glück in eins.«[79] Indem Kunst Leiden beredt macht, stellt sie Negatives *und* Positives dar. Die ästhetische Darstellung ist deshalb immer zweierlei, nämlich Kritik und Utopie. Das Kunstwerk hat eine »zugleich kritische und utopische Intention«[80].

Zunächst zur Kritik: Die Art und Weise, wie ein Gehalt zur Darstellung kommt, trägt zur Kritik zweierlei bei:

Erstens rückt sie den Darstellungsgehalt in eine unvertretbare Teilnehmerperspektive, in der man den Gehalt auf sich selbst bezieht. Im ästhetischen Verstehen wird ein Sachverhalt erschlossen, der einen selbst betrifft.[81] In ihm stellt sich eine Identität zwischen dem Erkennenden und dem Erkannten ein: Das dargestellte und betrachtende Bewusstsein fallen in eins. Pathologien begegnen als solche, von dem man selbst betroffen ist, d.h. sie werden als Teil der eigenen Lebenswelt erkannt. Sie werden nicht als Erfahrungsgehalt einer anderen Person, sondern als Gehalt der eigenen Erfahrung erschlossen. Doch hat dies nichts mit der Identifikation mit einer literarischen Figur, einem vertonten Gefühl oder vertrauten Bild zu tun.

Zweitens werden Pathologien unter einem evaluativen Gesichtspunkt *als* Leiden, das nicht sein soll, wahrgenommen und damit ein Verlangen nach dessen Überwindung gestiftet. Denn schiebt man die beiden Ebenen Selbstbezug und Negativwertigkeit übereinander, entzündet sich ein kritischer Impuls. Immer dann, wenn das Kunstwerk seinen Betrachter mit eigenem Leiden konfrontiert, wird in ihm das Verlangen geweckt, dies Leid zu überwinden. Es weckt auf Seiten des Betrachters ein (Auf-)Begehren, Leiden nicht hinzunehmen. Die-

79 V 3: 67; vgl. 271, 325.
80 V 3: 271; vgl. GS 11: 21.
81 V 3: 198, 305.

ses Aufbegehren macht »das Moment des im Kunstwerk gesetzten Widerstandes gegen die Entfremdung«[82] aus. Man nimmt sich in der ästhetischen Erfahrung als jemanden wahr, der zur schlechten Realität »Nein« sagt.

Zudem haben Kunstwerke einen utopischen Gehalt.[83] In Einzelfällen trägt ihre Kritik durchaus Früchte. Indem Kunstwerke das Leiden wahrnehmbar machen, gehen sie über die Gleichgültigkeit gegenüber dem Leiden hinaus. Oder nicht in Begriffen aus der Ethik, sondern der Erkenntnistheorie gesprochen: Sie lassen Erkenntnis an die Stelle von Selbsttäuschungen treten. Kunstwerke schaffen damit die Voraussetzung, dass Vernunft verwirklicht wird.

Ob aber ihre Adressaten sich für ihre Kritik öffnen oder verschließen, hängt von deren freien Willen ab. Der Übergang von der Möglichkeit zur Wirklichkeit der Vernunft erfolgt deshalb mit einem Rest von Kontingenz. Aufgrund dieser Kontingenz bleibt die Verwirklichung der Vernunft eine Utopie, d. h. eine erstrebenswerte Wirklichkeit, derer man sich nicht versichern kann. Die Utopie einer verwirklichten Vernunft wird in der Kunst nicht direkt dargestellt. »Durch unversöhnliche Absage an den Schein der Versöhnung hält sie diese fest inmitten des Unversöhnten.«[84] Nur unter dem Vorbehalt des Bilderverbots kann Kunst die Utopie der verwirklichten Vernunft darstellen. Sie steht aus zwei Gründen unter einem Bilderverbot:

Erstens leistet eine Darstellung der Utopie dem ästhetischen Hedonismus Vorschub.[85] Der Wunsch nach einem guten Leben erfüllt sich hier im ästhetischen Erleben eines imaginierten Lebens. Eine künstlerisch ausgemalte Utopie verführt dazu, sich

82 V 3: 235.
83 GS 7: 203, 347.
84 GS 7: 55.
85 Ebd.

mit der ästhetischen Wunscherfüllung zufriedenzugeben und reale Pathologien durch diese Wunscherfüllung zu kompensieren. Die Phantasmagorie wird als »ein Seiendes«[86] ausgegeben und somit der ästhetische Schein für Wahrheit gehalten. Kunst fällt sich deshalb selbst ins Wort, indem sie auf eine Darstellung der Utopie verzichtet und damit verhindert, dass man sich in dem Gefühl imaginierten Glücks häuslich einrichten kann.

Der zweite Grund für das Bilderverbot ergibt sich aus dem dialektischen Negativismus: Vernunft wird nämlich verwirklicht, indem es gelingt, ihr Gegenteil zu überwinden:

> »In diesem Gefühl des Widerstandes gegen das bloße Dasein ist eigentlich die Utopie enthalten, daß dieses bloße Dasein nicht das letzte Wort habe. Und dieses bilderlose Bild der Utopie, dieser Ausdruck einer Utopie, die sich nicht selbst ausspricht, sondern nur dadurch kundtut, daß uns etwas *stärker* erscheint, oder daß wir uns in etwas *stärker* erscheinen als die Welt, so wie sie nun einmal ist: Das ist jedenfalls eine der Kategorien, von denen ich denken möchte, daß sie überhaupt für das Schöne charakteristisch sind.«[87]

Pathologien der Vernunft gehen aus Freiheit hervor und bilden deshalb eine eigenständige Größe. Die Verwirklichung der Vernunft kann also nur dann in den Blick gelangen, wenn erklärt wird, unter welchen Bedingungen sie sich gegen ihre Pathologien durchzusetzen vermag, oder anders ausgedrückt: unter welchen Bedingungen ein Interesse an Erkenntnis (damit greift Adorno seinen machttheoretischen Vernunftbegriff auf) ›stärker‹ ist als die Selbsttäuschungen in einer ›Welt, wie sie nun einmal ist‹. Kunst verweist deshalb nicht positiv auf

86 GS 7: 10.
87 V 3: 52; Hervorhebung T. W.

eine Utopie, sondern über den ›Widerstand gegen das bloße Dasein‹, indem sie also Kritik am Negativen übt.

Die besondere Art, in der man auf eine Utopie Bezug nimmt, ist das Hoffen. Bestimmte Kunstwerke stellen Hoffnung dar, ohne dass sie den Zustand abbilden, auf den gehofft wird. Kunstwerke erschöpfen sich keineswegs darin, lediglich Impulsgeber für Kritik zu sein. Sie bereiten zudem die Grundlage für die Hoffnung auf das Gelingen von Kritik. Um ein vollständiges Bild von Adornos Ästhetik zu gewinnen, muss also eine Erörterung des Hoffens folgen.

2. Hoffen

Der stiefmütterliche Umgang mit Adornos Hoffnungskonzept wurde bislang kaum wahrgenommen. Dass Adornos Überlegungen zum Hoffen selten die Aufmerksamkeit zuteilwird, die sie verdienen, ist zunächst einem historischen Umstand geschuldet.[88] Sieben Jahre vor dem Erscheinen der *Negativen Dialektik* besetzte Ernst Bloch das Thema »Hoffnung« mit einer Wucht, dass man außerhalb seines Monumentalwerks *Das Prinzip Hoffnung* wenig zu diesem Thema noch sagen zu können glaubte.

Dies ist umso bemerkenswerter, als nahezu die Hälfte der Texte von Adorno mit Überlegungen zur Hoffnung schließen

88 Eine der wenigen Ausnahmen bildet Helmut Holzhey, »Hoffnung und Wahrheit. Zu Aphorismus 61 der ›Minima Moralia‹«, in: Georg Kohler / Stefan Müller-Doohm (Hrsg.), *Wozu Adorno? Beiträge zur Kritik und zum Fortbestand einer Schlüsseltheorie des 20. Jahrhunderts*, Weilerswist 2008, S. 292–306. Doch auch in dem lesenswerten Beitrag von Nicholas H. Smith bleibt Adorno unerwähnt: Nicholas H. Smith, »Hope and Critical Theory«, in: *Critical Horizons. A Journal of Philosophy and Social Theory* 6 (2005) Nr. 1, S. 45–61.

und negative Dialektik eine eigene Gestalt des Hoffens besitzt, denn es »liegt in der Bestimmung negativer Dialektik, daß sie sich nicht bei sich selbst beruhigt, als wäre sie total; das ist ihre Gestalt von Hoffnung«[89]. Hoffnung bezieht sich bei Adorno darauf, dass dem scheinbar unentrinnbaren Rückfall der Vernunft in ihr Gegenteil Einhalt geboten und Vernunft verwirklicht werden kann. Hier wird die Hoffnung darauf gehegt, dass der Konflikt zwischen Selbsttäuschung und Erkenntnisinteresse zugunsten Letzterer versöhnt werde. Eine solche Hoffnung hat die Struktur der doppelten Negation und lässt sich nur vom Negativen her als dessen Aufhebung bestimmen, wie Adorno im Brief vom 1. Dezember 1952 an Thomas Mann betont:

> »Wenn mir etwas von Hegel und denen, die ihn auf die Füße stellten, in Fleisch und Blut übergegangen ist, dann ist es die Askese gegen die unvermittelte Aussage des Positiven; wahrhaft eine Askese, glauben Sie mir, denn meiner Natur läge das Andere, der fessellose Ausdruck der Hoffnung, viel näher. Aber ich habe immer wieder das Gefühl, daß man, wenn man nicht im Negativen aushält oder zu früh ins Positive übergeht, dem Unwahren in die Hände spielt.«[90]

Ein weiterer Grund für die Scheu vor dem Hoffnungsthema liegt in Adornos Verbindung zwischen Hoffen und Kunst. Grund zur Hoffnung gibt die Kunst:

> »Jeglicher Ausdruck von Hoffnung, wie er von den großen Kunstwerken noch im Zeitalter ihres Verstummens mächtiger ausgeht als von den überlieferten theologischen Texten,

89 GS 6: 389.
90 B 3: 128.

ist konfiguriert mit dem des Menschlichen; nirgends unzweideutiger als in den Augenblicken Beethovens.«[91]

Zu solchen Kompositionen Beethovens, die Hoffnung darstellen, zählt Adorno das Adagio der d-Moll-Klaviersonate op. 31,2,[92] das Adagio des ersten Rasumowsky-Quartetts op. 59,1,[93] das Adagio der Es-Dur-Klaviersonate op. 81a, den Trauermarsch der Eroica[94] sowie das E-Dur-Adagio der Leonorenarie[95]. Überhaupt entwickelt Adorno sein Verständnis von Hoffen in engem Bezug auf die Musik Beethovens.

Kunstwerke bilden die Hoffnung dabei nicht ab. Hoffnung ist kein referentieller Gehalt, der positiv zum Ausdruck gebracht wird. Hoffnung, »die dem Gang des Schicksals Einhalt zu gebieten vermöchte«, ist »unendlich viel ferner, aber ein wenig triftiger als eine jegliche, deren positiven Ausdruck das Kunstwerk selbst beanspruchte«[96]. Die Hoffnung wird also nicht durch ein sinnlich wahrnehmbares Gefühl, Symbol oder Geschehen abgebildet. Sie entspringt vielmehr der autonomen Form der Kunst, die kraft ihres Sprachcharakters Einstellungen rationalisieren kann. Kunstwerke geben einen Grund zur Hoffnung nicht deshalb, weil sie ein Gefühl der Zuversicht spenden oder ihre bloße Existenz Anlass zur Hoffnung gibt. Die Hoffnung rechtfertigt sich vielmehr aufgrund des Vermögens der Kunst, verzerrte Einstellungen nachhaltig verändern zu können.

Deshalb ist Hoffnung auch nicht das Gefühl einer ästhetischen Erfahrung – als würde jemand beim Hören, Lesen oder Betrachten eines Kunstwerks hoffnungsvoll gestimmt. Hoff-

91 GS 6: 389.
92 GS 7: 280; F 1: 245, 247, 260.
93 F 1: 36, 245, 261.
94 F 1: 245 f.
95 Ebd.
96 GS 16: 307.

nung wird nicht in einer ästhetischen Erfahrung ausgelöst. Sie erschließt sich vielmehr in einer theoretischen Perspektive auf das Kunstwerk und geht aus der Einsicht in die ästhetische Rationalität hervor. Hoffnung gibt die Einsicht, dass Kunstwerke Einstellungen rationalisieren und damit das Aufklärungsversprechen einlösen können.

Ein dritter Grund liegt schließlich darin, dass Adorno das Hoffen in den Grenzbereich zur Metaphysik und Theologie stellt. Berührungsängste seitens der Philosophie sind hier jedoch fehl am Platz. Von ihrem Zentrum, der Dialektik, her gedacht, stehen selbst Fragen des Eigentums und des Sozialen letztlich im engsten Zusammenhang mit Metaphysik und Theologie.[97] Im Brief vom 2. August 1935 an Walter Benjamin heißt es:

> »Eine Restitution der Theologie oder lieber eine Radikalisierung der Dialektik bis in den theologischen Glutkern hinein müsste zugleich eine äußerste Schärfung des gesellschaftlich-dialektischen, ja des ökonomischen Motives bedeuten.«[98]

Hoffnung gehört neben dem Glück[99] zu jenem Rest von Metaphysik, der von der Philosophie im Namen der Kritik zu retten ist, wie es im Schlusssatz der *Negativen Dialektik* heißt: »Solches Denken ist solidarisch mit Metaphysik im Augenblick ihres Sturzes.«[100] Adornos Philosophie beerbt die traditionelle Metaphysik und Theologie, indem sie mit der Frage nach dem

97 Die Kontinuität von Theologie und Adornos Philosophie behandelt mit einem Schwerpunkt auf dessen Kierkegaard-Rezeption: Peter E. Gordon, *Adorno and Existence*, Cambridge 2016.

98 B 1: 143.

99 GS 6: 367.

100 GS 6: 400.

Hoffen deren Kernkompetenz aufgreift. Er beschreibt dieses Erbe im obigen Zitat über Beethoven[101] mit den Worten, dass Hoffnung von großen Kunstwerken mächtiger ausgeht als von den überlieferten theologischen Texten. Allerdings kann eine Neubestimmung des Hoffens nur unter metaphysikkritischen Bedingungen gelingen, die den Rationalitätsansprüchen der Aufklärung gerecht werden.

Nirgends spricht Adorno diese rettende Kritik von Theologie und Metaphysik deutlicher aus als in seinem Brief vom 17. Februar 1964 an Gershom Scholem. Ihm wolle scheinen, dass »die einzige Möglichkeit, sakrale Kunst, ebenso wie ihren philosophischen Wahrheitsgehalt, zu retten, heute in der rücksichtlosen Einwanderung ins Profane liegt«[102]. Zumal das autonome Kunstwerk, das sich von Theologie emanzipiert, vermag kraft seines Sprachcharakters Einstellungen zu rationalisieren. Deshalb ist es der Grund für die berechtigte Hoffnung darauf, dass das Aufklärungsversprechen erfüllt wird. Adorno entwickelt ein Konzept der Hoffnung, das sowohl der Kontingenz (2.1) als einem Moment, das sich gesicherter Erkenntnis entzieht, als auch dem Grund des Hoffens (2.2) gerecht wird, mit dem ein gewisser Rationalitätsanspruch eingelöst wird. Mit der Hoffnung gibt er der Einheit von Aufklärung und Mythos eine konkrete Gestalt, in der sich Vernunft und Kontingenz miteinander verbinden.

2.1 Kontingenz

Adornos Interesse an der kantischen Philosophie gilt vor allem der Tatsache, dass Kant zur Frage nach dem Hoffen anders als seine Vorgänger einen philosophischen Zugang entwickelt hat.

101 GS 6: 389.
102 B 8: 308.

Es ist das Verdienst von Kant, die Frage nach dem Hoffen wieder in die Philosophie heimgeholt zu haben.

Unter Hoffnung versteht Kant eine vernünftige Erwartungshaltung. Ihre unverwechselbare Besonderheit besteht darin, dass die Erwartungshaltung vernünftig ist, obwohl sie durch keine gesicherte Erkenntnis gedeckt ist. Ob das Erhoffte eintreten wird, lässt sich durch empirisches Wissen weder bejahen noch verneinen, und trotzdem ist es vernünftig, sein Eintreten zu erwarten. Dass Kant die dritte seiner Grundfragen »Was darf ich hoffen?« mit den von jeher klassischen Fragen der Philosophie »Was kann ich wissen?« und »Was soll ich tun?« gleich stark wertet, ist allein schon bemerkenswert.[103] Auffälliger noch ist, dass er die Frage nach der Hoffnung zu den Grundfragen der *Vernunft* zählt: Hoffnung ist keine Instanz jenseits der humanen Lebenswelt, sondern eine Tiefendimension der Vernunftfähigkeit. Ihr wohnt ein rationaler Kern inne. Im Unterschied zu den Fragen nach den Grenzen menschlicher Erkenntnis und den moralischen Handlungen liegt allerdings bei dieser Frage nicht auf der Hand, weshalb sie für Menschen von Bedeutung ist. Warum gehört Hoffnung zur vernünftigen Lebensform?

Aufschluss über die Vernünftigkeit des Hoffens geben zwei Merkmale, durch die sich die Hoffnung bei Kant auszeichnet, nämlich das kontrafaktische Hoffen und der Grund des Hoffens. Beide Merkmale werden von Adorno aufgegriffen und gleichzeitig weiterentwickelt. Wir werden uns zunächst dem ersten und im folgenden Kapitel dem zweiten Merkmal widmen.

Den Ausgangspunkt des kontrafaktischen Hoffens bildet Kants Annahme, dass sich der Sinn des Hoffens aus der mora-

103 Immanuel Kant, *Kritik der reinen Vernunft*, hrsg. von Ingeborg Heidemann, Stuttgart 1966, S. 815; vgl. *Logik*, IX, 25.

lischen Praxis herleitet. Vorausgesetzt, dass ich tue, was ich soll: Was darf ich dann hoffen?

Moralphilosophie führt von selbst zur Frage nach dem Hoffen. Sie schließt sich an als die Frage nach der Hoffnung auf die Wirksamkeit moralischer Handlungen (und dies ist der springende Punkt) angesichts ihrer möglichen Wirkungslosigkeit. Vom Standpunkt der deontologischen Ethik, also einer kantischen Pflichtethik aus betrachtet sind moralische Handlungen um ihrer selbst willen gut; ihre Ausübung darf somit unabhängig von der Aussicht auf ihren Erfolg erwartet werden. Für die moralischen Akteure bleibt aber nicht ausgeschlossen, dass ihre Handlungen folgenlos bleiben und letztlich nichts bewirken. Historisch-reale Erfahrungen von Unbelehrbarkeit, individueller Ohnmacht und des selbstverschuldeten Übels schüren berechtigte Zweifel an der Wirksamkeit moralischer Handlungen. Hoffnung bezieht sich nun darauf, dass moralisches Handeln, obwohl von nur flüchtiger Wirkung, am Lauf der Dinge etwas ändern kann. Trotz der von der Geschichte genährten Zweifel darf gehofft werden, dass der Einsatz nicht vergeblich ist:

> »Es mögen nun auch noch soviel Zweifel gegen meine Hoffnungen aus der Geschichte gemacht werden, die, wenn sie beweisend wären, mich bewegen könnten, von einer dem Anschein nach *vergeblichen* Arbeit abzulassen; [...] und so ungewiß ich immer sein und bleiben mag, ob für das menschliche Geschlecht das Bessere zu hoffen sei, so kann dieses doch nicht der Maxime, mithin auch nicht der notwendigen Voraussetzung derselben in praktischer Absicht, daß es tunlich sei, Abbruch tun.«[104]

104 Immanuel Kant, *Über den Gemeinspruch*, VIII, 309, 10–20; Hervorhebung T. W.

Den ernüchternden Erfahrungen von Vergeblichkeit zum Trotz hält die Hoffnung auf die Wirksamkeit der Moral allen Zweifeln stand:

> »Bei dem traurigen Anblick nicht sowohl der Übel, die das menschliche Geschlecht aus Naturursachen drücken, als vielmehr derjenigen, welche die Menschen sich untereinander selbst antun, erheitert sich doch das Gemüt durch die Aussicht, es könne künftig besser werden; und zwar mit uneigennützigem Wohlwollen, wenn wir längst im Grabe sein und die Früchte, die wir zum Teil selbst gesät haben, nicht einernten werden. Empirische Beweisgründe wider das Gelingen dieser auf Hoffnung genommenen Entschließungen richten hier nichts aus.«[105]

Beim bisweilen trostlosen Anblick der Geschichte erscheint moralisches Handeln hoffnungslos. Dennoch, und dies macht den kontrafaktischen Impuls des Hoffens aus, wird unbeirrt ein ›Gelingen‹ erwartet. Das kontrafaktische Element besteht darin, dass ein Gelingen für möglich gehalten wird, obwohl seine Möglichkeit durch keine kalkulatorische Wahrscheinlichkeit gesichert wird. Hoffnung ist demnach für Menschen deshalb unverzichtbar, weil sie die Verzweiflung über die Vergeblichkeit des Handelns vernünftiger Akteure abwenden kann.

Ihre kontrafaktische Eigenschaft drückt sich darin aus, dass das Recht, mit dem etwas erwartet wird, vom empirischen Wissen entkoppelt wird. Hoffnung wird unabhängig von der empirischen Erkenntnis darüber gehegt, ob ihre Erfüllung wahrscheinlich oder viel eher sehr unwahrscheinlich ist. Voraussetzung hierfür ist die Widerspruchsfreiheit zwischen Hoff-

105 Ebd., 28–36.

nung und empirischer Erkenntnis: Die Erwartung darf der gesicherten Erkenntnis, dass ihre Erfüllung schlechterdings unmöglich ist, nicht widersprechen. Im Licht empirischen Wissens erscheint das Eintreten des Erhofften jedoch weder als wahrscheinlich noch als unmöglich. Gegenstand der kontrafaktischen Hoffnung sind Idealisierungen, deren Recht von empirischem Wissen weder bewiesen noch widerlegt wird. Das Andersseinkönnen der Verhältnisse wird nicht von ihrem empirischen Sosein abhängig gemacht und liegt als ein Stück Idealität der moralischen Praxis zugrunde.

Adorno greift nun Kants Konzept einer kontrafaktischen Hoffnung auf. Das Geheimnis von dessen »Philosophie ist die Unausdenkbarkeit der Verzweiflung«[106]. Verzweiflung bedeutet Hoffnungslosigkeit; darauf verweist der lateinische Begriff für Verzweiflung, *desperatio*, in dem die Verneinung (*de-*) der Hoffnung (*spes*) steckt. Die Ernüchterung, mit der Akteure die Folgenlosigkeit ihrer Handlungen zuweilen wahrnehmen, bildet einen Nährboden für Hoffnungslosigkeit. Sei es demokratisches Aufbegehren, der Widerstand gegen Unrechtsregime, die Bekämpfung von Armut, Initiativen des Klimaschutzes oder der Einsatz für soziale Gerechtigkeit: Stets drohen die Bemühungen von der niederschmetternden Praxis eingeholt zu werden. An den Stellen, an denen solche Tätigkeiten dauerhaft unter die Räder geraten, geht der Glaube, die Verhältnisse doch noch ändern zu können, verloren. Unter dem Eindruck der Vergeblichkeit kommen Handlungen somit zum Erliegen oder in beklemmender Weise erst gar nicht zustande. Besonders unter dem Druck der Verwertungslogik verfestigen sich Selbstbezüge, soziale Verhältnisse und Weltbeziehungen zu Pathologien, die unveränderlich zu sein scheinen. Woher soll man dann die Hoffnung nehmen, etwas verändern zu können?

106 GS 6: 378.

Adornos Philosophie der Hoffnung zielt zunächst auf die Anerkennung von Erfahrungen der Vergeblichkeit, die angesichts der Unveränderlichkeit sozialer und politischer Realitäten gemacht werden. »Hoffnung *und* Desillusion«[107] gehören deshalb zusammen. Den Ausgangspunkt des Hoffens bildet die desillusionierte Anerkennung einer ernüchternden Realität, der Menschen (scheinbar) machtlos gegenüberstehen. Die Hoffnung, dass Handeln nicht vergeblich ist, zeichnet sich deshalb durch eine Verneinung aus: »Hoffnung ist das Entronnensein des Humanen aus dem Bann.«[108] Diese verneinende Bedeutungskomponente deckt sich mit unserem Sprachgebrauch. So spricht man vom Hoffen auf Rettung aus einer Not, vom Hoffen, einer ausweglosen Situation doch noch zu entkommen oder vor dem Schlimmsten bewahrt zu bleiben, und von der Hoffnung, dass ein drohendes Unheil nicht eintritt. Stets bezieht sich Hoffnung auf die Abwendung von etwas, das nicht sein soll: Hoffnung hat demnach die Struktur einer doppelten Negation.

Darüber hinaus geht es Adorno um die Ermächtigung zur Handlungsautonomie. Seine Hoffnungskonzeption geht von einer illusions-, aber nicht hoffnungslosen Betrachtung der ernüchternden Wirklichkeit aus. Die bestimmte Hoffnung, die Adorno im Blick hat, richtet sich gegen die Vergeblichkeit, etwas in der Welt verändern zu können. Der Eindruck von Vergeblichkeit wird durch die berechtigte Hoffnung abgebaut, dass sich verzerrte Einstellungen dauerhaft verändern lassen. Die Hoffnung auf die Veränderbarkeit der Verhältnisse schafft somit die Voraussetzung dafür, dass Personen selbstbestimmt handeln können. Denn ohne Hoffnung würden Handlungen unter dem Eindruck erstarren, dass sich ohnehin nichts ändern

107 GS 11: 15; Hervorhebung T. W.
108 GS 11: 513.

lässt. Hoffnung ist die Gegenspielerin gegen einen Eindruck von Unveränderlichkeit und ermöglicht damit autonomes Handeln überhaupt.

Adornos Konzept der kontrafaktischen Hoffnung weicht in zwei Hinsichten von demjenigen Kants ab:

Zum einen geht es Adorno weniger um moralische als um rationale Wirksamkeit. Gehofft wird auf die Erfüllung des Aufklärungsversprechens. Die »Hoffnung, es möchten Schicksal und Macht nicht das letzte Wort behalten«[109], richtet sich darauf, dass der schicksalhafte Rückfall der Vernunft in ihr Gegenteil ein Ende haben wird. Gehofft wird, dass Kritik verzerrte Einstellungen nachhaltig zu verändern vermag. Gegenstand der Hoffnung ist die Wirklichkeit der Vernunft, die im Konflikt mit ihrer Gegenkraft, also den Selbsttäuschungen, die Oberhand gewinnt.

Zum anderen stellt Adorno eine Verbindung zwischen Hoffen und Kunst her. Die Hoffnung auf Wirksamkeit wird von der Kunst erfüllt. Kunstwerke verwirklichen Vernunft, indem sie rationale Einstellungen hervorbringen, die nicht durch die Verwertungslogik verzerrt werden. Vielmehr werden sie je dem intrinsischen Wert der eigenen Bedürfnisse, des Wohlergehens anderer und dem Eigenwert der Natur gerecht. Die Dinge kommen unabhängig von einer instrumentellen Verwertungslogik zur Erscheinung. Sie werden damit so erkannt, wie sie für sich sind. Kraft ihrer Autonomie widersetzen sich Kunstwerke der Verwertungslogik, unter deren Druck die kognitiven und evaluativen Einstellungen verformt werden. Sie widersetzen sich ihr, indem sie solche Deformationen aushebeln und an ihre Stelle ein Erkenntnisinteresse setzen. Kunstwerke bilden demnach Einstellungen aus, in denen sich die Dinge frei von Verwertungszwängen zeigen. Zielpunkt der

109 GS 10/1: 71.

Hoffnung, d. h. also dessen, auf das gehofft wird, ist, dass die rationalisierende Kraft des Kunstwerks Früchte trägt und nicht vergeblich ist.

Über eine gelingende Verwirklichung der Vernunft kann es jedoch keine gesicherte Erkenntnis geben. Auf sie kann allenfalls gehofft werden. Die Ursache hierfür liegt in der Kontingenz der Vernunft.[110] Zwar vermag Kunst ein Interesse an Erkenntnis anzustoßen. Nüchtern betrachtet bleibt jedoch ein Rest von Kontingenz bestehen; letztlich bleibt die ästhetische Vernunft in zweifacher Hinsicht kontingent:

Erstens können Kunstwerke nur kontingente Effekte erzielen. Sie können zwar grundsätzlich Befangenheiten lösen und die Bereitschaft erzeugen, Wahrheit wichtig zu nehmen. Sie können dies aber nicht erzwingen. Ob sich jemand neuen Argumenten öffnet, sich auf Denkanstöße einlässt und fremde Sichtweisen übernimmt, liegt letzten Endes ausschließlich in seiner eigenen Hand. Es bleibt unvermeidbar kontingent, ob die rationalisierende Kraft des Kunstwerks ihren Adressaten entweder durchdringt oder an ihm folgenlos abperlt. Der Übergang von der Möglichkeit zur Wirklichkeit der Vernunft erfolgt somit nicht notwendigerweise, sondern kontingent: Das Erkenntnisinteresse kann, muss aber nicht einen Vorrang gegenüber Selbsttäuschungen erlangen. Weil Kritik nicht notwendig zum Verzicht auf Selbsttäuschungen führt, bleibt nichts anderes als die Hoffnung, dass sie auf fruchtbaren Boden fällt und nicht ganz umsonst ist. Der Kontingenzgedanke erklärt auch Adornos These, dass Wahrheit Hoffnung voraussetze. Am Ende sei »Hoffnung, wie sie der Wirklichkeit sich entringt, indem

110 Den Stellenwert der Kontingenz für die Ausbildung von Normativität erörtert Thorsten Bonacker, *Die normative Kraft der Kontingenz. Nichtessentialistische Gesellschaftskritik nach Weber und Adorno*, Frankfurt a. M. 2000.

sie diese negiert, die einzige Gestalt, in der Wahrheit erscheint. Ohne Hoffnung wäre die Idee der Wahrheit kaum nur zu denken«[111]. Sofern die Kritik von Selbsttäuschungen nur kontingent wirksam ist, kann allenfalls gehofft werden, dass die Kritik ihre Wirkung nicht verfehlt und dazu bewegt, die Dinge so zu erkennen, wie sie unabhängig von einer Verwertungslogik tatsächlich sind.

Zweitens beruht Vernunft auf kontingenten Entstehungsbedingungen. Kunstwerke entstehen spontan im vorinstitutionellen Bereich. Sie lassen sich im Unterschied zu Rechten nicht institutionalisieren und können durch kultur-, sozial- oder bildungspolitische Maßnahmen allenfalls unterstützend flankiert, jedoch nicht erzeugt werden. Letztlich hängt es von der Bereitschaft williger Akteure ab, ob Kunstwerke überhaupt geschaffen werden.

2.2 *Der Grund des Hoffens*

Die Berechtigung kontrafaktischer Hoffnung lässt sich zwar durch empirisches Wissen weder beweisen noch widerlegen. Gänzlich unreglementiert ist sie indes nicht. Denn die Hoffnung beruht auf einem Grund. Der Grund für das Hoffen ist nun das zweite Merkmal von Kants Hoffnungskonzeption, das Adorno aufgreift. Kontrafaktisches Hoffen ist kein grundloses Wünschen und nimmt die epistemische Zwischenstellung ein, mehr als Wunschdenken, jedoch weniger als Wissen zu sein. Einerseits geht Hoffnung über eine ungeschützte Ungewissheit hinaus, insofern man mit einem äußerst erklärungsbedürftigen Recht an einer Hoffnung festhält. Andererseits ist dieser Grund des Hoffens verschieden von der Begründung, auf die sich gesicherte Erkenntnis stützt.

111 GS 4: 110.

Schon Kant legt sein Augenmerk auf die Frage nach dem Grund des Hoffens. Denn die entscheidende Frage lautet doch: Mit welchem Recht hält man an der Hoffnung auf ein Gelingen fest, obwohl gegenteilige Erfahrungen Zweifel an ihm wecken? Die Frage »Was darf ich hoffen?« zielt auf den Grund, den Personen dafür haben, auf etwas hoffen zu *dürfen*. Die »gegründete Hoffnung«[112] oder die Hoffnung, die man »vernüftigerweise«[113] hegt, ist die durchaus berechtigte Erwartungshaltung gegenüber einem Gelingen. Erst dieser Rückbezug auf einen Grund verleiht der Hoffnung ihren unverwechselbaren epistemischen Gehalt, der sich auf dem schmalen Grat zwischen Wunschdenken und Gewissheit bewegt. Hoffnung ist nämlich mehr als ein Wunschdenken, weil es einen Grund für sie gibt. Zugleich ist sie weniger als Wissen.[114] Jeder Versuch, der Aussicht auf die erhoffte Wirklichkeit den Rang einer Gewissheit zu verleihen, überschreitet unvermeidlich die Schwelle zum Dogmatismus. Von Kants Kritik am Dogmatismus bleibt entsprechend auch die christliche Theologie nicht verschont. Die christliche Rede von Verheißung erhebt zu Unrecht den Anspruch auf Heilsgewissheit. Solche Gewissheit fehlt der Hoffnung. In dieser Hinsicht unterscheidet sich Hoffnung von den verwandten Phänomenen des Vertrauens und der Zuversicht.

Kant begründet Hoffnung mithilfe einer transzendentalen Religionsphilosophie. Nach Kant ist Gott eine Vernunftidee, sofern von der Vernunft postuliert wird, seine »objektive Rea-

112 Immanuel Kant, *Zum ewigen Frieden*, Stuttgart 2013, S. 74.

113 Immanuel Kant, *Die Religion innerhalb der Grenzen bloßer Vernunft*, VI, 68,37–69,1.

114 Kant grenzt ausdrücklich die Hoffnung von Gewissheit (*Kritik der praktischen Vernunft*, Stuttgart 1961, S. 180 f.; *Die Religion innerhalb der Grenzen bloßer Vernunft*, VI, 76,17) und Überzeugung (*Kritik der praktischen Vernunft*, S. 180 f.) ab.

lität«[115] anzunehmen. Die Annahme eines gerechten Urhebers, der für ein moralisches Gelingen sorgt, wird von der praktischen Vernunft postuliert, weil ohne sie die moralische Praxis selbst nicht denkbar sei. Sie sei eine Denknotwendigkeit. Wir sind gewissermaßen zur Konstruktion eines Grundes, der hoffen lässt, befugt, weil ohne sie unsere moralische Praxis kollabieren würde. Entweder bricht die moralische Praxis weg oder sie wird durch die Konstruktion eines Grundes für das Hoffen auf ihr Gelingen verbürgt. Dass wir Letzteres annehmen dürfen, macht das Primat der praktischen Vernunft aus. Der Mensch kann den Vernunftglauben daran, dass dieses Primat der Vernunft ein unumstößliches Faktum ist, nicht verlieren. Der reine praktische Vernunftglaube an das Faktum der Vernunft, also an den unaufhebbaren, notwendigen Vorrang praktischer Vernunft gegenüber ihrem Anderen, kann »niemals [...] in Unglauben geraten«[116].

Die unbezweifelbare Tatsache des Primats der Vernunft bietet nun einen festen Grund zur Hoffnung auf ein Gelingen moralischer Praxis. Der Grund für eine *kontrafaktische* Hoffnung auf etwas, das im Licht empirischen Wissens weder möglich noch unmöglich ist, ist, so Kants Grundeinsicht, ein *Faktum*, nämlich das Faktum der Vernunft. Weil der Vernunftglaube unverlierbar ist, ist auch der Verlust der Hoffnung nicht denkbar. Die Hoffnung hat ihren Grund im unerschütterlichen Glauben an die Vernunft und kann insoweit nicht enttäuscht werden.

In Bezug auf die Frage nach dem Grund des Hoffens weicht Adorno in zweierlei Hinsichten von Kant ab: Er vermeidet zum einen Kants transzendental- und religionsphilosophische Begründung. In seiner Kritik an Kants Transzendentalphiloso-

115 Ebd., S. 169, 195–197, 210; vgl. S. 199.
116 Ebd., S. 212.

phie bedient sich Adorno eines Einwandes, den Hegel gegen Kant in Anschlag gebracht hatte. Nach Hegel folgen aus transzendentalen Denknotwendigkeiten keine Konsequenzen für Realitätsaussagen.[117] Dass ein vernünftiges Interesse an Begründungen dazu auffordert, die Bedingung der Möglichkeit für etwas, dessen Erklärung man sucht, anzunehmen, bedeutet keineswegs, dass diese Bedingung als ›objektive Realität‹ betrachtet werden darf. Man kann nicht aus einer Bedingung, die für eine Erklärung anzunehmen erforderlich ist, schließen, dass diese Bedingung auch schon erfüllt ist. Sie lässt sich allenfalls als eine *geforderte* Bedingung anerkennen. Ein Grund für ihre objektive Realität ergibt sich aus ihrem Erfordernis jedoch keineswegs. Unter der Voraussetzung, dass man nun keinen Grund dafür besitzt, die objektive Realität eines gerechten Urhebers anzunehmen, wird auch der Hoffnung auf das von ihm ermöglichte Gelingen der Boden entzogen.

Adorno ersetzt Kants transzendentalphilosophischen Ansatz durch einen materialistischen. Der Grund des Hoffens materialisiert sich im Kunstwerk. In Kunstwerken objektiviert sich eine rationalisierende Kraft, die einen Grund für das Hoffen gibt. Hoffnung wird weder durch eine Denknotwendigkeit (Kant) noch durch eine Naturteleologie (Bloch) begründet. Hoffnung verdankt ihren Grund vielmehr einer Weltbeschaffenheit, oder genauer: der rationalen Kraft der Kunstwerke. Der Grund für das Hoffen wird dann eingeholt, wenn man die Entstehungsbedingungen erklärt, unter denen es gelingt, bei jemandem ein Erkenntnisinteresse zu wecken, das vorher nicht bestand. Denn damit die Hoffnung, dass Kritik nicht vergebens ist, zu Recht gehegt wird, bedarf es einer Erklärung, wie Kritik ihren Adressaten auch erreicht und zumal in dem Fall

117 G. W. F. Hegel, *Phänomenologie des Geistes*, Stuttgart 1987, S. 424–433.

wirksam werden kann, wenn sich der Adressat gegen sie verschließt. Kunstwerke sind zu einer solchen Kritik fähig, weil sie zugleich die Bedingungen bereitstellen, unter denen ihre Adressaten für sie zugänglich werden.[118] Sie erzeugen eine Empfänglichkeit für sie mit.

Schließlich weicht Adorno von Kant ab, indem er eine religionsphilosophische Begründung des Hoffens umgeht. Adornos Religionskritik richtet sich gegen die Vorstellung, dass Hoffnung sich einer nichtmenschlichen Macht verdankt. Seine ästhetische Begründung berührt sich zunächst mit Religionsphilosophie darin, eine Kontingenz anzuerkennen, die der Verfügbarkeit entzogen ist. Kunstwerke erzielen nur kontingente Effekte. Auch gehen sie aus kontingenten Entstehungsbedingungen hervor. Als Kontingenzen lassen sich weder die Effekte noch die Entstehungsbedingungen kontrollieren. Trotzdem sind sie ein Gemachtes. Kunstwerke und damit der Grund des Hoffens werden von Menschen hergestellt. Sie sind Ergebnisse menschlicher Handlungen und unterscheiden sich darin von theologischen Vorstellungen eines rettenden Gottes, der sich menschlichen Handlungen grundsätzlich entzieht. Die Hoffnung, dass sich das Aufklärungsversprechen erfülle, wird nicht in ein überweltliches, transmundanes Geschehen, das die menschliche Gestaltungsmacht übersteigt, sondern in Handlungen verankert, zu denen Menschen fähig sind.

Adornos ästhetische Begründung des Hoffens erklärt, weshalb Theologie und Metaphysik der Ästhetik weichen und zugleich von ihr beerbt werden. Ästhetik beerbt Theologie und Metaphysik, indem sie die Hoffnungsfrage und den Kontingenzgedanken von ihnen übernimmt. Sie geht jedoch über Theologie und Metaphysik hinaus, indem sie die Frage nach dem Hoffen mithilfe ästhetischer Rationalität beantwortet.

118 Siehe S. 176.

Auf diese Weise wird das Hoffen in ein Vernunftkonzept überführt, das den Rationalitätsansprüchen der Aufklärung standhält. Adornos Ästhetik ist also mehr als nur eine Theorie darüber, wie Kunstwerke funktionieren, denn die Frage nach der Verwirklichung der Vernunft stellt den ferneren, die Frage nach dem Grund des Hoffens den näheren Zusammenhang dar. Seine Überlegungen zur ästhetischen Form, zum Material des Kunstwerks und insbesondere zur Materialbeherrschung sind von der Frage motiviert, wie Hoffnung *begründet* werden kann. Will man ihres Grundes habhaft werden, müssen beispielsweise die konkreten Tonbeziehungen von Beethovens Hoffnungsmusik analysiert werden.

Eine Theorie der Materialbeherrschung ermöglicht, dass man sich des Grundes vergewissern kann, warum durchaus zu Recht gehofft werden darf. Das Argument lässt sich folgendermaßen zusammenfassen:

Die autonome Form ermöglicht den ästhetischen Sprachcharakter der Kunst, der verzerrte Einstellungen zu verändern vermag. Als solche ist sie der Grund für die Hoffnung darauf, dass sich das Aufklärungsversprechen erfüllt. Da die autonome Form sich einer rationalen Materialbeherrschung verdankt, besitzt Hoffnung also einen rationalen Grund. Das Kunstwerk ist somit der rationale Grund für die Hoffnung, obwohl sie sich nicht in eine gesicherte Erkenntnis überführen lässt. Die Erfüllung des Aufklärungsversprechens bleibt zwar mit Kontingenz behaftet, die durch keine erkenntnistheoretische Aufklärung aufgelöst werden kann. Diese Kontingenz zieht sich jedoch weder ins Mythische noch ins Irrationale zurück. Die Verwirklichung der Vernunft bleibt zwar unvermeidbar kontingent. Das Hoffen auf ihr Gelingen beruht jedoch auf einem Grund, dessen man sich über die materiale Analyse des Kunstwerks auf eine rationale Weise vergewissern kann.

Ausblick: Warum Adorno heute?

Für jemanden, der sich offen als Gegner philosophischer Systeme bekennt, ist Adornos Philosophie erstaunlich systematisch angelegt: Weit ausgreifend deckt sie mit der Gesellschaftstheorie, Ästhetik, Moralphilosophie, Erkenntnistheorie und Philosophiegeschichte nicht nur einen Großteil der philosophischen Fachgebiete ab. Die Einzelteile werden zudem durch ein inneres Zentrum zusammengehalten, nämlich von Adornos Dialektikkonzeption. Diese systematische Breite ist in der heutigen Philosophie selten geworden, die sich eher durch vielfältige Spezialisierungen auszeichnet. In der Philosophie gehören jedoch beide Seiten, Breite und Spezialisierung, untrennbar zusammen. Insoweit stellt Adornos Philosophie auch heute noch eine wichtige Ergänzung dar, die uns die sachlichen Zusammenhänge zwischen den einzelnen Fachgebieten vor Augen führen kann.

Nirgends drückt sich dieser Zusammenhang deutlicher aus als in der Verbindung, die zwischen Erkenntnis- und Gesellschaftstheorie besteht. Adornos materialistische Erkenntnistheorie ist von bleibender Aktualität. Sie leistet einen Beitrag zur Klärung, ob und, falls ja, warum die Inhalte unseres Wissens, Wollens und Wünschens von den sozialen, politischen und ökonomischen Besonderheiten einer Gesellschaftsordnung mitgeprägt werden. Dabei vermeidet Adorno die einseitigen Erklärungsmodelle der moralischen Autonomie und sozialen Determination, die den Personen die Verantwortung für ihre Handlungen entweder mit Haut und Haaren zuschreiben oder ganz und gar absprechen. Ohne eine solche materialistische Erkenntnistheorie kommt keine Gesellschaftstheorie aus, die zu erklären beansprucht, worauf die unwiderstehliche Anziehungskraft des Kapitalismus beruht.

In Adornos kritischer Theorie der Gesellschaft drückt sich ein unbestechlicher Scharfsinn dafür aus, was die Stunde schlägt.

Sie hat für die Diagnose, Analyse und Kritik der gesellschaftlichen Verwerfungen im Spätkapitalismus keineswegs an Bedeutung eingebüßt. Mögen auch einzelne Gedanken mittlerweile als verstaubt erscheinen, so hat sein gesellschaftstheoretischer Grundgedanke unvermindert Bestand. Er beruht auf drei Annahmen: Adornos Gesellschaftstheorie ist erstens tief in einer Vorstellung des guten Lebens verankert, die von Sören Kierkegaard stammt. Demnach schließt das gute Leben neben der Erfüllung lohnenswerter Handlungsziele und der (auch gemeinschaftlichen) Selbstbestimmung dieser Ziele außerdem ein Gelingen ein, das den richtigen Umgang mit Erfahrungen von Unverfügbarkeit wie Vergänglichkeit und Tod betrifft. Zweitens geht Adorno von Max Webers Diagnose einer Entzauberung der Welt aus. Der Prozess der Aufklärung führt demzufolge unumkehrbar dazu, dass die religiösen Quellen der Sinnstiftung versiegen. Jenes Gelingen des Lebens angesichts von Vergänglichkeit und Tod wird deshalb nicht mehr durch die Sinnstiftungen der Religion verbürgt. Diese Leerstelle wird vielmehr durch die Gewinnversprechen des Kapitalismus gefüllt; so drittens die von Karl Marx inspirierte Ideologie- und Eigentumskritik Adornos. Die unwiderstehliche Anziehungskraft des Kapitalismus speist sich somit aus dessen Funktion eines Religionsersatzes, mit dem allerdings die Aufklärung in ihr Gegenteil umschlägt. Die kapitalistische Logik des Gewinnstrebens verselbstständigt sich demnach zu einem scheinbar unentrinnbaren Schicksal, dem alle Kräfte, die sich gegen es richten könnten, ohnmächtig unterliegen.

Auch in Bezug auf den Austausch der Einzelwissenschaften untereinander bildet das Werk Adornos heutzutage eine lehrreiche Ausnahme. Während die Gegenwartsphilosophie zu Recht den Kontakt zu den Naturwissenschaften sucht, ist das Gespräch der Philosophie mit den Sozialwissenschaften, der Theologie und den Künsten eher verstummt. Für Adorno war diese Interdisziplinarität jedoch alles andere als ein Lippenbekenntnis. Sein Werk lebt geradezu von der Überzeugung, dass sich Fragen der Zeitdiagnose und Grundlagenreflexion nur im Verbund der genannten Wissenschaften und Künste klären lassen. Die Philosophie verarmt und verfehlt letztlich ihr eigenes Ziel, ihre Zeit in Gedanken zu fassen (Hegel), wenn sie beispielsweise nicht die Beschreibungskraft der Sozialwissenschaften nutzt oder die Sensibilisierungen der Künste berücksichtigt oder die Beharrlichkeit ernst nimmt, mit der sich die Theologie den unabgegoltenen Fragen der *conditio humana* annimmt. Auf diese Weise gelingt es Adorno, Zusammenhänge zwischen Gesellschaftsordnungen, Bedeutungen des Todes und Gerechtigkeitsfragen sichtbar zu machen, die sich dem beschränkten Blickwinkel einzelner Disziplinen entziehen. Berührungsängste gegenüber anderen Disziplinen kannte er hier ebenso wenig wie die Angst, das Alleinstellungsmerkmal der Philosophie zu verteidigen, also ihre der begrifflichen Klarheit verpflichtete Fähigkeit, Phänomene, Probleme, Lösungen und Theoriealternativen konzeptualisieren zu können.

Ein weiterer Grund für die Aktualität von Adornos Philosophie ist schließlich der Umstand, dass sie die Dialektik als ein philosophisches Programm ernst nimmt. Damit nimmt sie in der Gegenwartsphilosophie eine Außenseiterposition ein. Allerdings hat sein Dialektikkonzept mit dem Kampfbegriff hilflos wirkender Theorierevoluzzer oder mit einer Verlegenheitslösung für Fälle, in denen einem die Argumente ausgehen, wenig zu tun. Dialektik dient ihm vielmehr als eine philosophische Grundlagenreflexion, um zwischen Theoriealternativen zu unterscheiden, die unterschiedliche Zeitdiagnosen und Lösungsansätze nach sich ziehen. Das Konzept der Dialektik zeigt eine Theoriealternative an, die sich von anderen Strömungen der Philosophie unterscheidet. In der Theoriebildung stehen wir hier deshalb sozusagen vor einer Weggabelung, an der wir entscheiden müssen, welche Richtung sinnvollerweise einzuschlagen ist. Deshalb sollte man völlig unabhängig davon, wie man sich zur dialektischen Philosophie letztlich positioniert, zunächst einmal zu verstehen versuchen, welche Theorialternativen überhaupt zur Wahl stehen und was ihre jeweiligen Stärken und Schwächen sind. Für eine solche Grundlagenreflexion gibt es keinen geeigneteren Bezugspunkt als die Philosophie Adornos.

Literaturhinweise

Zitierte Literatur von Theodor W. Adorno

a) Zitierweise

Dem Sigle folgt die Bandangabe (bei Doppelbänden mit zusätzlicher Unterteilung) und die Seitenzahlen: z. B. GS 12/2: 98, 172, 203.

b) Siglen

GS Gesammelte Schriften. Hrsg. von Rolf Tiedemann. Frankfurt a. M. 1997.

B Briefe und Briefwechsel. Hrsg. vom Theodor W. Adorno Archiv. Frankfurt a. M. / Berlin 1994 ff.

F Nachgelassene Schriften. Abteilung I: Fragment gebliebene Schriften. Hrsg. vom Theodor W. Adorno Archiv. Frankfurt a. M. 1993–2006.

V Nachgelassene Schriften. Abteilung IV: Vorlesungen. Hrsg. vom Theodor W. Adorno Archiv. Frankfurt a. M. / Berlin 1993 ff.

Kommentierte Bibliographie

a) Leben

Müller-Doohm, Stefan: Adorno. Eine Biographie. Frankfurt a. M. 2003. – Ein biographischer Meilenstein.

Offe, Claus: Selbstbetrachtung aus der Ferne. Tocqueville, Weber und Adorno in den Vereinigten Staaten. Frankfurt a. M. 2004. – Darstellung von Adornos amerikanischen Erfahrungen und deren Einfluss auf sein Denken.

Wiggershaus, Rolf: Die Frankfurter Schule. Geschichte – theoretische Entwicklung – politische Bedeutung. München 1988. – Historische Untersuchung zu den Akteuren der Kritischen Theorie.

b) Nachschlagewerke und Kommentare

Hindrichs, Gunnar (Hrsg.): Max Horkheimer / Theodor W. Adorno. Dialektik der Aufklärung. Berlin 2017. – Kooperativer Kommentar der Dialektik der Aufklärung.

Honneth, Axel / Menke, Christoph (Hrsg.): Negative Dialektik. Berlin 2006. – Kooperativer Kommentar der Negativen Dialektik.

Klein, Richard / Kreuzer, Johann / Müller-Doohm, Stefan (Hrsg.): Adorno-Handbuch. Leben – Werk – Wirkung. Stuttgart/Weimar 2011. – Unverzichtbares und umfangreichstes Nachschlagewerk mit einem musikphilosophischen Schwerpunkt.

Müller, Ulrich: Theodor W. Adornos ›Negative Dialektik‹. Darmstadt 2006. – Sehr textnaher Kommentar der Negativen Dialektik.

c) Allgemein

Cook, Deborah (Hrsg.): Theodor Adorno. Key Concepts. Stocksfields 2008. – Sammelband mit Beiträgen zu Themen von der Logik bis zur Kulturtheorie bei Adorno.

Honneth, Axel (Hrsg.): Dialektik der Freiheit. Frankfurter Adorno-Konferenz 2003. Frankfurt a. M. 2005. – Sammelband mit Interpretationen und Weiterentwicklungen der Philosophie Adornos.

Seel, Martin: Adornos Philosophie der Kontemplation. Frankfurt a. M. 2004. – Beiträge zu den Schnittflächen von Ethik, Ästhetik und Erkenntnistheorie bei Adorno.

d) Dialektik

O'Connor, Brian: Adorno's Negative Dialectics. Philosophy and the Possibility of Critical Rationality. Cambridge/London 2004. – Ideengeschichtliche Darstellung von Adornos Dialektikkonzeption mit einem Schwerpunkt auf dessen Moralepistemologie.

Sommer, Marc Nicolas: Das Konzept einer negativen Dialektik. Adorno und Hegel. Tübingen 2016. – Systematische und vergleichende Untersuchung der Dialektikkonzeptionen von Hegel und Adorno.

Theunissen, Michael: Negativität bei Adorno. In: Ludwig von Friedeburg / Jürgen Habermas (Hrsg.): Adorno-Konferenz 1983. Frankfurt a. M. 1983. S. 41–65. – Einschlägiger Beitrag zum Negativismus.

e) Ethik

Bernstein, Jay M.: Adorno. Disenchantment and Ethics. Cambridge 2001. – Die Untersuchung macht Adornos Kritik des Identitätsparadigmas für eine Ethik fruchtbar.

Freyenhagen, Fabian: Adorno's Practical Philosophy. Living Less Wrongly. Cambridge / New York 2013. – Die Studie zur Normativität in Adornos Ethik stellt einen Zusammenhang zwischen ihr und der aristotelischen Ethik her.

Gordon, Peter E.: Prekäres Glück. Adorno und die Quellen der Normativität. Berlin 2023.

Schweppenhäuser, Gerhard: Ethik nach Auschwitz. Adornos negative Moralphilosophie. Hamburg 1993. – Das Buch rückte erstmalig Adornos Ethik in den Blickpunkt.

f) Gesellschaft

Hammer, Espen: Adorno and the Political. Oxon / New York 2005. – Das Buch zeichnet die ideengeschichtliche Herkunft und Wirkung der politischen Philosophie Adornos nach.

Jameson, Fredric: Late Marxism. Adorno or ›the Persistence of the Dialectic‹. London 2007. – Deutung insbesondere der Negativen Dialektik aus marxistischer und postmarxistischer Perspektive.

Müller-Doohm, Stefan: Die Soziologie Theodor W. Adornos. Eine Einführung. Frankfurt a. M. 1996. – Darstellung von Adornos Positionen in den soziologischen Debatten.

g) Ästhetik

Geuss, Raymond: Art and Criticism in Adorno's Aesthetics. In: R. G.: Outside Ethics. Princeton/Oxford 2005. – Der Beitrag stellt Adornos Verbindung zwischen Fortschritt der Kunst und ästhetischer Kritik in Frage.

Menke, Christoph: Die Souveränität der Kunst. Ästhetische Erfahrung nach Adorno und Derrida. Frankfurt a. M. 1991. – Vergleichende Untersuchung zur Autonomieästhetik im Spannungsfeld von Moderne und Postmoderne.

Wellmer, Albrecht: Wahrheit, Schein, Versöhnung. Adornos ästhetische Rettung der Modernität. In: A. W.: Zur Dialektik von Moderne und Postmoderne. Vernunftkritik nach Adorno. Frankfurt a. M. 1985. S. 9–47. – Einschlägige kommunikationstheoretische Deutung von Adornos Ästhetik.

h) Musikphilosophie

Boissière, Anne: La pensée musicale de Theodor W. Adorno. L'épique et le temps. Paris 2011. – Zeittheoretische Untersuchung von Adornos Musikphilosophie mit einem Schwerpunkt auf der Musik Gustav Mahlers.

Klein, Richard / Mahnkopf, Claus-Steffen (Hrsg.): Mit den Ohren denken. Adornos Philosophie der Musik. Frankfurt a. M. 1998. – Beiträge zu Adornos Philosophie der Musik und deren Weiterentwicklung.

Paddison, Max: Adorno's Aesthetics of Music. Cambridge 1993. – Materialreiche Rekonstruktion von Adornos Musikphilosophie und ihres Zusammenhangs mit der Dialektikkonzeption.

Schlüsselbegriffe

Ästhetik Die Autonomieästhetik ist für Adorno unverzichtbarer Bestandteil der Kritischen Theorie. Ästhetische Kritik zeichnet sich dadurch aus, dass sie ihre Adressaten für Kritik empfänglich macht. Sie erzeugt somit selbst die Voraussetzung für ihre Wirksamkeit.

Aufklärung Unter Aufklärung versteht Adorno den Prozess der Rationalisierung, der einen Fortschritt von Freiheitsgewinnen, Glückszuwächsen und Erkenntnisentwicklungen verspricht. Dieses Versprechen wird, so Adornos Aufklärungskritik, nur unter der Bedingung einer Dialektik der Aufklärung einlösbar, die auch Unverfügbarkeiten zu berücksichtigen vermag, die sich durch keine Aufklärung wegrationalisieren lassen.

Dialektik ist der Name für eine Theoriealternative zur sog. Identitätsphilosophie. Sie beruht auf den Annahmen der Widerspruchstheorie, des Negativismus, der Kritik und des Nichtidentischen.

Eigentum Seinen unwiderstehlichen Reiz verdankt das Eigentum dem Sinn, den es scheinbar stiftet. Sinn wird ihm durch seine Unverlierbarkeit verliehen, mit der der menschlichen Vergänglichkeit vermeintlich etwas entgegengesetzt wird.

Ethik setzt sich aus den Ebenen der moralischen Geltung, der moralischen Achtung und des moralischen Urteils zusammen. Adorno behandelt die Gleichgültigkeit als ein Problem, das das moralische Urteil betrifft. Es besteht darin, dass sich eine Person als moralisch versteht, aber in konkreten Fällen nicht als Adressat moralischer Forderungen erkennt.

Ideologie Als Ideologie bezeichnet Adorno einen Schein, der unter Bedingungen einer bestimmten Gesellschaftsordnung entsteht. Der Schein hat die Form von Selbsttäuschungen, in denen man sich ohne Not oder Zwang mit einfachen Antworten zufriedengibt. Profitbasierte Gesellschaftsordnungen befördern dabei die Ausbildung solcher Selbsttäuschungen.

Invisibilisierung Gleichgültigkeit besteht mitunter darin, dass verletzbare und bedürftige Personen nicht als solche wahrgenommen werden. Dieses Nichtsehenwollen drückt einen Akt der Invisibilisierung aus, der sich genauer als Selbsttäuschung beschreiben lässt.

Kontingenz Der Übergang von der Möglichkeit zur Wirklichkeit der Vernunft zeichnet sich durch Kontingenz aus. Sie unterscheidet sich einerseits von einer Notwendigkeit der Verwirklichung und andererseits von der Willkürlichkeit oder bloßen Zufälligkeit der Verwirklichung.

Kritik Gegenstand normativer Kritik sind Fälle, in denen berechtigte Ansprüche missachtet werden. Um wirksam zu werden, muss sie ihre Adressaten auch erreichen. Eine solche Zugänglichkeit zu schaffen gelingt ihr als eine immanente Kritik, die mit einer transzendenten Kritik Hand in Hand geht.

Kulturindustrie bildet mit dem Kulturkonservatismus die hedonistische Traditionslinie der Autonomieästhetik. Sie dient einer ökonomischen Verwertung und leistet der Entlastung Vorschub, sich mit einfachen Antworten zufriedenzugeben.

Mimesis Kunst imitiert weder Sachverhalte, noch bildet sie deren Idee ab. Sie ahmt vielmehr den Charakter einer natürlichen Sprache nach. Ihre Beredtheit vollzieht einen Akt des Ansprechens, der vom Werk ausgeht und dem Betrachter entgegenkommt.

Neue Kunst Kunstwerke haben nur als Avantgarde Bestand. Sie sind jeweils Lösungsvorschläge für die Formprobleme der früheren Kunstwerke.

Negativismus Dialektischer Negativismus bedeutet, dass das Positive vom Negativen her bestimmt wird. Eine Theorie der Vernunft muss demnach erklären können, weshalb es gelingt, dass die Vernunft in der Wirklichkeit einen Vorrang gegenüber ihren Pathologien erringt.

Nichtidentische, das Das Nichtidentische ist eine Chiffre für die unvermeidliche Kontingenz, mit der die Vernunft zur Wirklichkeit kommt.

Pathologien der Vernunft werden weder von einem Mangel noch durch Zwänge erzeugt, sondern gehen aus Freiheit hervor. Sie betreffen Handlungen und Urteile, die ohne Not oder Zwang für begründeter gehalten werden, als sie sind. Sie treten dann als soziale Pathologien auf, wenn diese Handlungen und Urteile unter dem Verwertungsdruck profitorientierter Gesellschaften zustande kommen.

Profitökonomie Unter Profitökonomie versteht Adorno eine Wirtschaftsordnung, in der sich das Gewinnstreben zum Selbstzweck verselbstständigt. Das verselbstständigte Gewinnstreben übt einen Verwertungsdruck aus, unter dem Bedürfnisse, Handlungen und Sachen wesentlich als Mittel zum Zweck des Gewinns betrachtet werden.

Verdinglichung Als Verdinglichung beschreibt Adorno die Gleichgültigkeit, in der sich Personen ebenso wenig zueinander verhalten wie leblose Dinge.

Widerspruch Pathologien sind nicht bloß der Mangel an Vernunft, sondern eine Kraft eigenen Wesens. Als selbstständige Kräfte bilden Vernunft und ihre Pathologien einen Widerspruch, in dem sie in gegensätzliche Richtungen ziehen.

Zeittafel

1903 Geboren am 11. September als Sohn von Maria Barbara geb. Calvelli-Adorno della Piana und Oscar Alexander Wiesengrund

1921–24 Studium der Philosophie, Psychologie, Soziologie und Musikwissenschaft an der Universität Frankfurt a. M.

1922 Bekanntschaft mit Max Horkheimer

1923 Beginn des Briefwechsels mit Walter Benjamin und der Publikation von Musikkritiken

1924 Promotion bei Hans Cornelius

1925 Kompositionsunterricht bei Alban Berg und Klavierunterricht bei Eduard Steuermann in Wien. Komposition u. a. von *Zwei Stücke für Streichquartett* op. 2, das vom Kolisch-Quartett uraufgeführt wird

1928 *Liederzyklus* op. 1

1931 Habilitation und Privatdozentur. Antrittsvorlesung *Die Aktualität der Philosophie*

1932 Beginn der Komposition *Der Schatz des Indianer-Joe*

1934–38 Promotion am Merton College in Oxford

1937 Heirat mit Gretel Karpus

1938 Übersiedlung nach New York

1940 Mitarbeit am Institute of Social Research

1941 Umzug nach Los Angeles

1944 *Dialektik der Aufklärung*

1949 *Philosophie der neuen Musik*. Rückkehr nach Frankfurt

1950 *Authoritarian Personality*. Erste Teilnahme an den Darmstädter Ferienkursen für Neue Musik

1951 *Minima Moralia*

1952 *Versuch über Wagner*

1953 Ernennung zum außerordentlichen Professor für Philosophie und Soziologie

1955 *Prismen*
1956 *Dissonanzen. Zur Metakritik der Erkenntnistheorie*
1957 Ernennung zum Ordinarius für Philosophie und Soziologie
1959 Direktor des Instituts für Sozialforschung; *Klangfiguren*
1960 *Mahler – Eine musikalische Physiognomie*
1961 Positivismusstreit
1962 *Einleitung in die Musiksoziologie*
1963 *Drei Studien zu Hegel*; *Eingriffe*; *Quasi una fantasia*
1964 *Moments musicaux*; *Jargon der Eigentlichkeit*
1966 *Negative Dialektik*
1967 *Ohne Leitbild*
1968 *Berg. Der Meister des kleinsten Übergangs*
1969 *Kritische Modelle 2*; *Dialektik der Aufklärung* erscheint im S. Fischer Verlag in einer neuen Ausgabe; 6. August Tod
1970 Die *Ästhetische Theorie* erscheint postum

Zum Autor

Tilo Wesche ist Professor für Praktische Philosophie an der Carl von Ossietzky Universität Oldenburg. In seiner Forschung und Lehre widmet er sich Themen der Moralphilosophie, Politischen Philosophie, Sozialphilosophie, Rechtsphilosophie (bes. Eigentumstheorien), philosophischen Anthropologie und des deutschen Idealismus (bes. Kant und Hegel). Zu seinen Buchveröffentlichungen zählen u. a.: *Kierkegaard. Eine philosophische Einführung*, Stuttgart 2003; *Wahrheit und Werturteil. Eine Theorie der praktischen Rationalität*, Tübingen 2011; (gemeinsam herausgegeben mit Rahel Jaeggi) *Was ist Kritik?* Frankfurt a. M. 2009; (gemeinsam herausgegeben mit Robin Celikates und Regina Kreide) *Transformations of Democracy*, London / New York 2015.

Danksagung

Ein Fellowship am Max-Weber-Kolleg der Universität Erfurt hat mir die Fertigstellung des Buchs ermöglicht. Dem Direktor Hartmut Rosa gilt dafür mein aufrichtiger Dank. Den Kolleginnen und Kollegen sowie Studentinnen und Studenten danke ich für Einwände, Ratschläge und Anregungen. Das Buch ist meiner Tochter gewidmet.